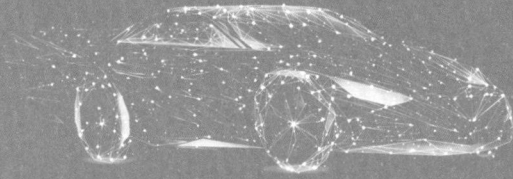

Automobile Finance Product Design

童 倩 著

汽车金融
产品设计

Automobile

Finance

Product

Design

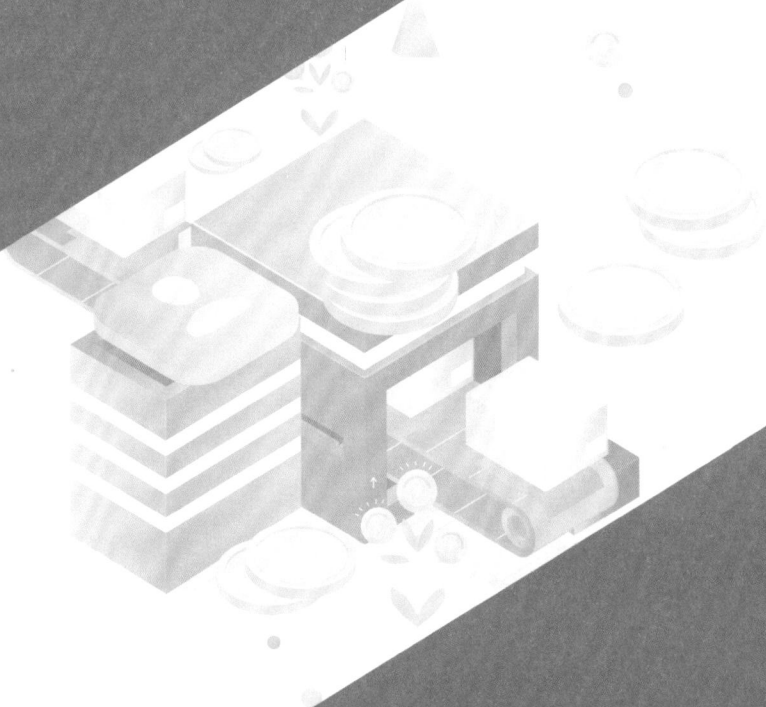

暨南大学出版社
JINAN UNIVERSITY PRESS

中国·广州

图书在版编目（CIP）数据

汽车金融产品设计／童倩著. —广州：暨南大学出版社，2020.5（2022.3 重印）
ISBN 978 - 7 - 5668 - 2870 - 5

Ⅰ．①汽…　Ⅱ．①童…　Ⅲ．①汽车—金融产品—产品设计
Ⅳ．①F830.571 ②F840.63

中国版本图书馆 CIP 数据核字（2020）第 041661 号

汽车金融产品设计
QICHE JINRONG CHANPIN SHEJI
著　者：童　倩

出 版 人：张晋升
策划编辑：詹建林
责任编辑：雷晓琪　詹建林
责任校对：刘舜怡　刘宇韬
责任印制：周一丹　郑玉婷

出版发行：暨南大学出版社（510630）
电　　话：总编室（8620）85221601
　　　　　营销部（8620）85225284　85228291　85228292　85226712
传　　真：（8620）85221583（办公室）　85223774（营销部）
网　　址：http：//www.jnupress.com
排　　版：广州尚文数码科技有限公司
印　　刷：广东信源彩色印务有限公司
开　　本：787mm×1092mm　1/16
印　　张：13.75
字　　数：244 千
版　　次：2020 年 5 月第 1 版
印　　次：2022 年 3 月第 3 次
定　　价：54.00 元

序

作者是我认识很久的朋友，她在汽车金融领域有相当丰富的经验，颇有见解。近年来，消费金融行业涌现出各种各样的新事物、新名称，如大数据风控、云计算、区块链、人工智能、供应链金融等，让从业者眼花缭乱、应接不暇。本书回归金融产品的本质，系统介绍了汽车金融行业发展历程与基础概念，从从业者的角度阐述了产品设计的全流程，由浅入深，娓娓道来。

本书对汽车金融市场做了非常完整的分析，包括现状描述、行业未来格局判断、产品管理全流程及其基本要素。通过作者的经验分享，相信读者会和我一样，更懂得这个市场。

汽车已成为人们生活不可或缺的工具，"金融"二字亦是耳熟能详，两者结合衍生出的汽车金融产品已经存在很久，而且近些年也发展很快，那么什么是汽车金融产品呢？本书通过产品基本概念介绍、产品要素分析、市场定位与用户研究、产品流程设计等方面，给读者呈现了汽车金融产品的形态。

汽车金融也是大消费金融范畴内的一个分支，消费金融市场的核心在于用户消费需求与金融服务的结合。对于产品设计而言，了解用户的需求尤为重要，本书在分享如何设计好产品的同时，对用户研究也进行了深入的阐述。

消费金融是一个虽传统但未来会充满活力的行业，在数十年甚至未来无数年，随着时代的发展，用户需求将不断变化，产品也将以与时俱进的形态呈现。作者在书中分享了她的经验，相信每个希望深入了解汽车金融的读者，都可以从中学到一些知识抑或经验。

宋君玲

（国内某大型银行资深风控专家）

2020 年 4 月 1 日

前　言
做产品的态度

　　本书可以让你了解汽车金融行业的历史，也会从最核心的产品角度去介绍汽车金融赢利的秘密。它可以是你从事这个行业的第一本书，是你入门的必备和基础，不管你在这个行业从事什么岗位。

　　商场如战场，面对变幻莫测的市场，应如何保持利润的持续增长？如今互联网时代大家都在追求速度、爆红、风口，每个行业的爆红周期变得更短，利润空间也变得更小。但是金融行业需要考虑风险，不能做急的生意，更不能只放出贷款收不回来，所以必须了解行业历史，了解其发展过程，懂得如何避免风险和亏损。汽车金融从业人员逐年增加，但是专业人员不足，因为没有相关专业学科，也缺乏专业培训和书籍，基本都是以会议方式作为知识交流手段，再就是个人脚踏实地跑市场跑出来的经验，或者用钱作为试金石试出来的教训。

　　国内汽车金融行业起步晚，监管由松到紧不断循环刺激行业发展，但是收效甚微。而国外汽车金融行业起步早，发展时间久，行业规范，已经处于稳定发展时期。不过这只是目前的情况，在可预见的未来，汽车金融行业将会面临前所未有的机遇和挑战。

　　新能源、新科技和新应用会改变整个汽车金融行业。怎样才能在这场变革中获胜呢？必须了解过去发生了什么，同时知道未来会往哪个方向走。作为汽车和金融结合的产业，它既不全是汽车也不全是金融。未来的汽车金融行业更看重的是服务，看看服务行业过去的成功和失败案例，或许就有答案。

这本书的意义在哪里？它会告诉你汽车金融所要做好的核心要点（产品设计），避免你花钱试错，提醒你避开陷阱。现阶段做到不亏钱比赚钱更加重要！

做产品最重要的态度是什么？保持平衡！大到处理公司风险和利润的关系，小到自己的心境，都应做到平衡。所有的风险在汽车金融领域一爆发就是大问题，要想在丰厚利润和持久经营之间保持平衡，需要你的战略性判断和决策。

平衡心境，包括平衡自己和周围环境的关系，既不高估也不低估自己，保持与周围环境的关系既不太近也不太远，保持清醒的头脑、锐利的眼光和灵敏的嗅觉，这些都需要真实的感悟和积极的心态。当别人意见不同的时候，有勇气表达自己的观点，可以扛住周围环境关系的压力做出正确的决策，能够在收获短暂的成功之后保持清醒继续突破，真正地沉下心来去研究用户和打磨产品，才能使产品长久不衰。

童 倩

2020 年 3 月 5 日

目录

contents

汽车金融行业概述

>>>

一、 汽车金融概念

汽车金融主要指与汽车产业相关的金融服务，是在汽车研发设计、生产、流通、消费等各个环节中所涉及的资金融通的方式、路径，或者说是一个资金融通的基本框架，即资金在汽车领域的流动，从资金供给者到资金需求者的资金流通渠道。主要包括资金筹集、信贷运用、抵押贴现、金融租赁，以及相关保险、投资活动。汽车金融的出现是汽车业与金融业相互渗透的必然结果。

汽车金融的概念最早源于美国，一般可分为狭义的汽车金融及广义的汽车金融两种。狭义的汽车金融隶属于消费金融，广义的汽车金融则贯穿全产业链。（见图 1-1）

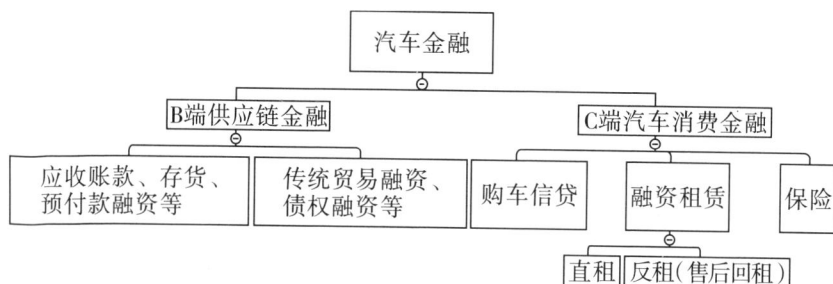

图 1-1 汽车金融业务分类

狭义的汽车金融，更多关注汽车销售及消费环节，为下游客户提供融资性金融服务，是消费金融的分支。融资对象包含消费者或经销商——经销商融资主要包括对经销商的建店贷款、设备融资和库存车融，消费者融资主要包括对汽车消费者的消费贷款、融资租赁和车辆保险等。总之，狭义的汽车金融主要是指在汽车的流通环节中融通资金所产生的金融活动。但是很多人（包括行业内人士）一般意义上理解的仅仅是狭义的汽车金融中的消费者融资，即消费者在购买汽车需要贷款时，可以直接向汽车金融类公司申请贷款的支付方式，并且可以按照自身的个性化需求，来选择不同的车型和不同公司的支付方案。

广义的汽车金融，是指汽车零部件生产、汽车整车生产、汽车经销商购入库存和一般消费者购买汽车等各个环节内发生的资金融通行为。汽车产业链环节对应的汽车金融产品详见图1-2：

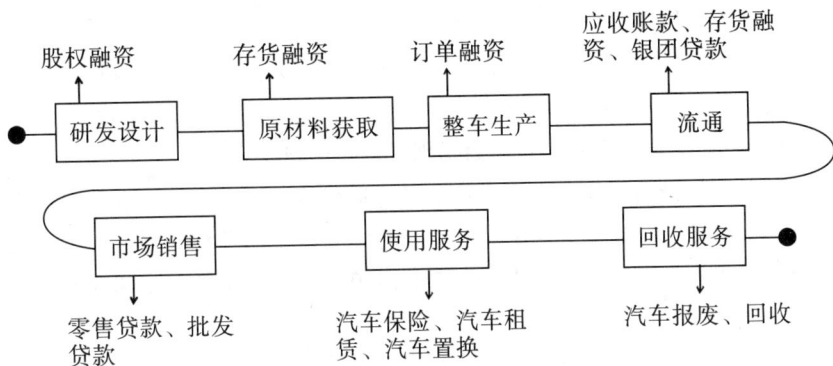

图1-2 汽车产业链环节对应的汽车金融产品

资料来源：招银前海金融资产交易中心、华泰证券研究所

本书将在后文着重对汽车流通中的零售贷款和汽车销售中的汽车租赁部分做详细的业务和产品设计介绍。

二、 我国汽车金融的发展历史

近几年，"汽车金融"概念被炒得异常火热，大量资金源源不断地流入这个行业，以致汽车金融一度被认为是暴利行业——除了房地产行业，中国少有万亿级市场的体量与汽车金融行业对标，因此很多人认为汽车金融在2008年后才飞速发展。其实纵观整个汽车金融的发展历史，我们会发现汽车金融本质上和传统金融行业一样，它的发展与国家的政策和调控有非常大的关联。

1886年，德国人卡尔·本茨造出了现代汽车的雏形，其后在不到半个世纪的时间内汽车工业获得了飞速的发展。但由于当时的汽车尚属于奢侈品，银行等金融机构并不想为消费者购买汽车提供贷款，同时汽车生产厂家为了促进汽车销售，便通过占用自身资金流的方式为消费者提供分期付款的服务。20世纪20年代初，美国的汽车公司开始组建自己的金融公司，从而开始了汽车信贷消费的历史。

我国汽车金融的发展始于20世纪90年代初，萌芽于商业银行贷款，虽然到目前仅有二三十年的发展历程，但也受汽车产业布局和信贷政策调整等诸多方面的影响，经历了从诞生到爆发式发展，再到后期的剧烈震动，直至最终趋于稳步发展的阶段。后经政策放宽，汽车金融行业形成了商业银行、汽车金融公司、汽车融资租赁公司、互联网汽车金融公司等多元主体并存的局面。我国汽车金融业发展大致上可以分为以下几个阶段：

（一）萌芽期：汽车消费信贷初现（1995—1999 年）

1993 年，北方兵工汽贸率先提出了分期付款购买汽车的概念，成为中国汽车金融诞生的标志，这也是由于当时国内汽车消费相对低迷，为了减轻消费者购车所承受的经济压力进而刺激销售，汽车生产厂家和经销商作出的应对之策。

我国汽车金融业正式开始于 1995 年。为刺激汽车消费需求，改变汽车消费低迷的境遇，金融机构开始试水这一领域，其标志性事件是一汽集团、上汽集团和长安汽车陆续成立各自的财务公司，这些财务公司通过商业银行融通资金，并通过各自的销售渠道为终端消费者办理汽车消费信贷。但由于当时国内个人信用体系建设并不完善，相关金融机构也没有建立较为完善的风控体系，所以这一措施暴露了一些比较严重的问题，最终中国人民银行于 1996 年叫停汽车信贷业务。同时，当时的消费者对汽车消费贷款这类新型消费观念（非全款购买商品方式）的接受度十分有限，其消费模式并未被国人广泛接受和认可，汽车金融的发展举步维艰，一直到 1998 年，其总体信贷规模仅维持在 4 亿元左右。

1998 年 9 月，中国人民银行出台了《汽车消费贷款管理办法》，随后又下发了《关于开展个人消费信贷的指导意见》，这为汽车金融在中国的发展指明了方向，同时也提供了政策依据。

（二）井喷期：商业银行垄断（2000—2003 年）

随着 2000 年至 2003 年间私家车销量的井喷式增长，汽车消费贷款也随之呈现较快增长态势，其总体信贷规模也由 1999 年的 29 亿元暴涨至 2003 年的逾 2 000 亿元。汽车消费信贷的主体也随之扩大，从国有银行主导转向股份银行。汽车消费贷款成为商业银行提升消费贷款业务的主要途径之一，刺激银行间相互竞争，商业银行垄断了汽车金融业。2000 年，中国人民银行发布《企业集团财务公司管理办法》，允许汽车财务公司开展汽车消费信贷业务。汽车消费金融雏形渐成。

这个时期汽车金融的发展是粗放式的，市场主要参与者由商业银行、保险公司、汽车生产厂家和经销商构成。赢利的冲动驱使金融机构逐步放低信贷门槛、降低首付比例，信用风险的积聚和个人信用体系建设的滞后造成了商业银行大量不良贷款的形成，国内汽车金融业随之进入调整阶段。

（三）调整期：汽车金融公司入场（2004—2007 年）

2004 年，车价不断下跌和征信体系不完善的隐患凸显，金融机构出现大量汽车信贷坏账。银行加大风控力度，保险赔付压力骤增，汽车消费信贷业务急剧萎缩。随着风险进一步加大，2004 年 3 月，中国保险监督管理委员会（简称中国保监会）[①] 叫停车贷险业务，汽车金融行业进入阶段性低谷。商业银行、保险公司、汽车厂商、经销商合作的汽车金融模式难以为继，我国汽车金融业的发展再一次陷入停滞。

为解决资金短缺问题，汽车金融公司受到关注。在汽车销量放缓、库存增长、消费热情遇冷、汽车贷款业务萎缩等压力下，汽车厂商、经销商等迫切期待出现商业银行以外的资金渠道来打破僵局，汽车金融公司这一新兴模式也因此受到关注。2004 年，中国银行业监督管理委员会（简称中国银监会）[②] 颁布《汽车金融公司管理办法》及其实施细则，明确汽车金融公司的相关信贷政策。2004 年 8 月，我国首家汽车金融公司——上汽通用汽车金融有限责任公司（简称上汽通用汽车金融）正式挂牌成立，标志着我国汽车金融公司的出现，也标志着我国汽车金融业开始向由汽车金融服务公司主导的专业化时期转换。

2004 年 10 月，中国银监会出台的《汽车贷款管理办法》正式施行，以此取代了已经不能完全适应当时国内汽车行业发展状况的《汽车消费贷款管理办法》，进一步规范了汽车消费信贷业务。自此以后，中国汽车消费信贷开始向专业化、规模化的方向发展。而前期汽车金融业务的重要参与者——商业银行，也并没有就此归于沉寂，他们一方面通过彼时开始萌芽的信用卡分期业务在消费信贷领域同汽车金融公司展开竞争，另一方面则在汽车生产厂家扩大产能之际，纷纷切入各大汽车集团新建生产基地的项目融资，并沿着产业链条逐步开展对汽车经销商的预付款融资和库存车融

---

① 2018 年 3 月，根据第十三届全国人民代表大会第一次会议批准的国务院机构改革方案，将中国银行业监督管理委员会和中国保险监督管理委员会的职责整合，组建中国银行保险监督管理委员会，将中国保险监督管理委员会审慎监管基本制度的职责划入中国人民银行，不再保留中国保险监督管理委员会。

② 该机构已整合，参见上条注释。

资，将信贷的投放上移到生产制造环节和批发环节。海量的资金涌入和信贷支持也间接推动了中国汽车行业发展的十年黄金期。

（四）振兴期：多元主体发展（2008年至今）

随着上汽通用汽车金融的成立，大众汽车金融公司、奔驰汽车金融公司等国际汽车金融市场主要玩家入场中国，带来了新的业务模式和风控技术。

2008年，新版《汽车金融公司管理办法》颁布，为中国汽车金融业的快速发展创造了条件，打开了多元化竞争的局面。汽车金融公司逐渐成为市场主体，渗透率不断提高。2013年，互联网金融兴起，多元主体入场。消费金融概念席卷汽车市场，国外汽车电商也进入中国，互联网汽车金融公司和汽车租赁公司作为新兴力量进入市场。至此，商业银行、汽车金融公司、汽车租赁公司、互联网汽车金融公司多元主体并存的局面逐渐形成。

2016年以来，在汽车金融利好政策下市场自由度加大，经销商、汽车金融公司获益最大。中国人民银行和中国银监会发布的《关于调整汽车贷款有关政策的通知》放宽二手车贷款，利好汽车信贷消费的供给端。汽车金融公司新盈利增长点出现，鼓励向全产业链转型。

2016年，《关于加大对新消费领域金融支持的指导意见》批准经营个人汽车贷款业务的金融机构办理新能源汽车和二手车贷款时，可自主决定首付比例、提供附加产品融资。因此，汽车金融公司和银行等其他市场主体可以更加公平地竞争，长期来看，利好汽车金融公司向全产业链升级转型，打造附加产品贷款为新盈利增长点。同时，经销商话语权提升，打破供应商与经销商地位不对等的局面。

2017年，《汽车销售管理办法》打破整车厂垄断，保护了经销商的利益。整车厂垄断地位不再，汽车金融公司的竞争将更加激烈，合作主体也将更加多元。汽车金融公司的总资产、贷款总额在过去的三年中都以较快速度增长。仅2016年中国汽车金融公司资产总额就达到5 729亿元，同比增长36.7%，其中排名前八的公司的资产达3 527亿元，占比为62.4%；贷款总额为5 209亿元，同比增长33.2%。表1－1梳理了2003年以来汽车金融方向相关文件的发布及其主要影响：

表 1-1 2003 年以来汽车金融方向相关文件的发布及其主要影响

年份	发布部门	文件名称	主要影响
2003	中国银监会	《汽车金融公司管理办法》	允许外国及合资公司开设汽车金融企业，明确汽车金融准入细则
2004	国务院	《汽车贷款管理办法》	扩大可经营汽车金融业务的非银行金融机构，允许多种类机构在车贷市场同台竞争，车贷不再由银行垄断
2005	商务部	《外商投资租赁业务管理办法》	正式明确融资租赁标的物包括汽车，汽车融资租赁首次被正面肯定
2006	中国银监会	《企业集团财务公司管理办法》	允许有条件的财务公司设立分支机构；在业务范围方面，准予财务公司开展属于加强资金集中管理的相关业务，取消了与新的市场定位无关或关系不大的业务
2007	国务院	《物权法》	首次清晰界定了汽车金融业务中的相关概念，如浮动抵押、抵押登记、抵押物处置，为汽车金融业务相关操作扫清了政策障碍
	国家工商总局	《动产抵押登记办法》	简化了动产登记程序，对动产抵押人的范围进行了调整；扩大了抵押物的范围；下放并明确登记部门为抵押人所在地县级工商行政管理部门；改变了抵押登记的性质，有效促进了汽车金融业发展
2008	中国银监会	《汽车金融公司管理办法》	拓展了汽车金融公司的业务范围、融资渠道等，从准入条件、业务范围、风险管理指标等方面对汽车金融公司管理办法进行了修改

（续上表）

年份	发布部门	文件名称	主要影响
2009	国务院	《汽车产业调整和振兴规划》	支持符合条件的国内骨干汽车生产企业建立汽车金融公司；进一步修改与完善了汽车信贷制度，促进和规范汽车消费信贷业务
2013	商务部	《融资租赁企业管理办法》和《外商投资融资租赁公司准入审批指引》	对融资租赁中的增值税缴纳税基严格控制
2014	中国银监会	《金融租赁公司管理办法》	引导各种所有制资本进入金融租赁行业，推动商业银行设立金融租赁公司试点进程
2016	中国人民银行、中国银监会	《关于加大对新消费领域金融支持的指导意见》	鼓励汽车金融公司业务产品创新，允许其在提供购车贷款的同时提供附加产品融资，进一步提升了汽车金融的渗透率
	中国银监会	《网络借贷信息中介机构业务活动管理暂行办法》	同一自然人在同一平台借款上限为20万元，不同平台总额上限为100万元，有利于分散风险
2017	商务部	《汽车销售管理办法》	为汽车融资租赁行业带来新一轮发展浪潮，同时"以租代购"的新模式迅疾发展，众多资本向融资租赁行业涌入
	中国人民银行、中国银监会	《关于调整汽车贷款有关政策的通知》	自2018年1月1日起，自用传统动力汽车最高发放贷款比例为80%，二手车为70%，控制单一风险

资料来源：铅笔道、《2015中国汽车金融白皮书》、华泰证券研究所

三、 汽车金融现状

汽车工业在 2001 年之后迎来了快速发展时期。中国汽车工业协会对外发布显示，2018 年全年，中国新车产销累计分别完成 2 780.92 万辆和 2 808.06 万辆，同比分别下降 4.16% 和 2.76%。2019 年，汽车产销分别完成 2 572.1 万辆和 2 576.9 万辆，同比分别下降 7.5% 和 8.2%。(见图 1-3)

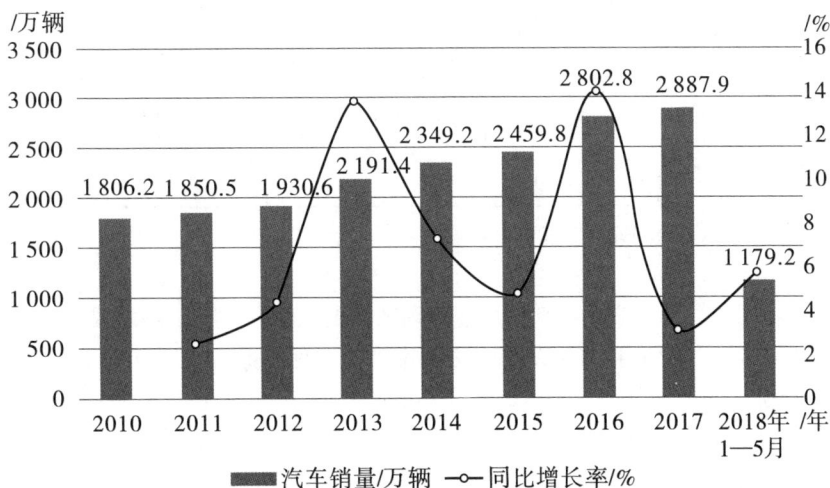

图 1-3　2010 年至 2018 年 1—5 月中国汽车销量趋势

资料来源：中国汽车工业协会

中国汽车市场销量预期增速为 3%，其中乘用车增长 3%，商用车增长 2%，市场整体需求量为 3 011 万辆。2019 年 7 月 8 日晚，乘用车市场信息联席会（简称乘联会）公布了最新汽车销量数据：2019 年 6 月，国内狭义乘用车零售销量为 176.6 万辆，同比增长 4.9%，环比增长 11.6%。与 2019 年 1—5 月累计销量下滑 11.9% 相比，是时隔 12 个月后首次实现同比正增长，而环比增长 11.6% 也是最近 20 年来 6 月环比增长最大的月份。（见表 1-2）

表 1 - 2   2019 年 6 月中国乘用车综合销量分析

	轿车	MPV	SUV	狭义乘用车合计	微客	广义乘用车合计
6 月销量	886 789	122 351	756 900	1 766 040	30 638	1 796 678
5 月销量	804 300	107 650	670 316	1 582 266	29 225	1 611 491
同期销量	867 549	131 382	684 798	1 683 729	28 607	1 712 336
环比 (%)	10.3	13.7	12.9	11.6	4.8	11.5
同比 (%)	2.2	− 6.9	10.5	4.9	7.1	4.9
累计销量	4 962 325	702 444	4 289 463	9 954 232	177 476	10 131 708
同期累计销量	5 422 646	869 133	4 686 311	10 978 090	183 842	11 161 932
同比 (%)	− 8.5	− 19.2	− 8.5	− 9.3	− 3.5	− 9.2

资料来源：乘用车市场信息联席会月报表（初稿）

　　我国的二手车市场在新车增速逐渐放缓的大背景下有了爆发式的增长。据艾媒咨询（iiMedia Research）发布的数据（见图 1 - 4），2018 年中国累计交易二手车 1 382.2 万辆，同比增长 11.5%，交易金额 8 603.6 亿元。2019 年全国广义乘用车二手车交易量约 1 296 万辆，比 2018 年下降 13%，交易量减少约 186 万辆。

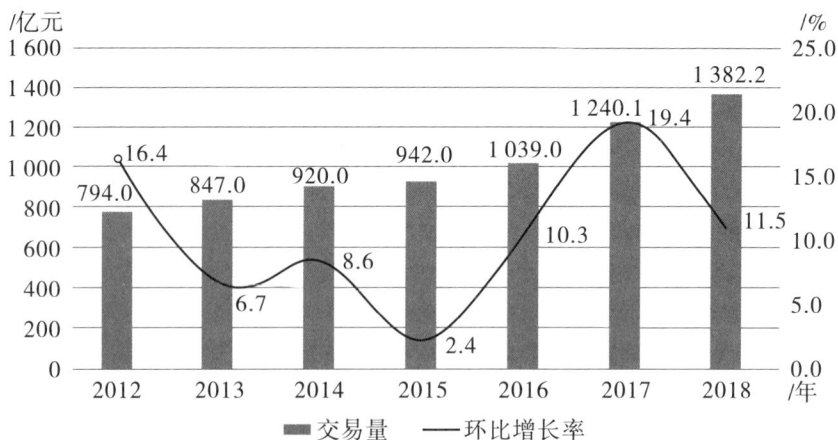

图 1 - 4   2012—2018 年中国二手车市场交易情况

资料来源：艾媒咨询

有数据显示，2012—2016 年，我国汽车金融发展速度保持在 30% 左右，市场规模由 3 636 亿元增长 2~3 倍至 9 566 亿元，在 2017 年达 11 623 亿元，达到万亿级规模。据前瞻产业研究院发布的《中国汽车金融行业市场前瞻与投资战略规划分析报告》统计数据显示，2018 年中国汽车金融市场规模将达到 1.5 万亿元（实际约为 1.39 万亿元，见图 1−5）；到 2020 年，市场规模将突破 2 万亿元，未来汽车金融的市场规模会越来越大。随着中国汽车行业在 2018 年进入拐点，增速将呈现下滑趋势，这也将对汽车金融行业造成一定的影响。但从长期来看，汽车行业整体仍然有极大的发展空间。例如新能源车、二手车、网约车等将成为汽车行业发展的新动力。随着汽车行业消费市场的成熟，金融渗透率将继续提升，汽车金融行业仍有可观的市场发展空间和前景。

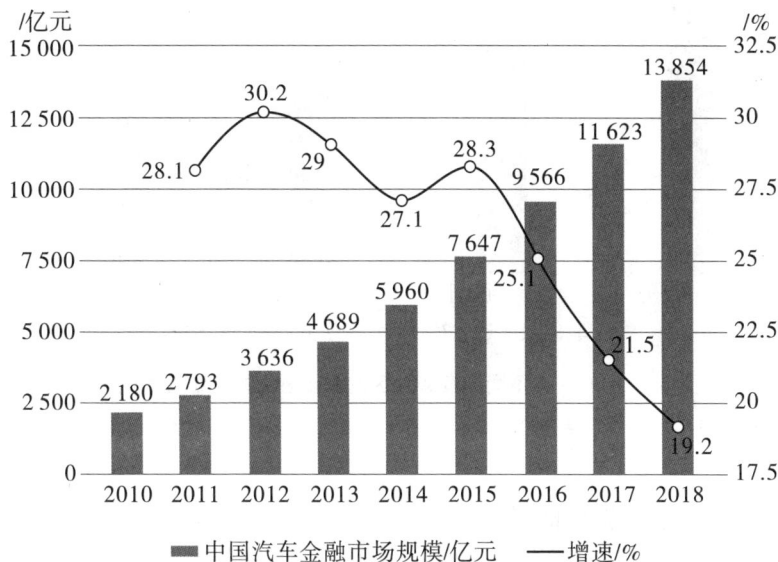

图 1−5 2010—2018 年中国汽车金融市场规模

资料来源：前瞻产业研究院

纵观全球，汽车金融的平均渗透率超过 50%，欧美等发达国家汽车金融渗透率甚至接近 90%。2016 年，北美汽车金融渗透率超过 80%（2017 年为 86%），其中融资租赁的渗透率接近 46%。德国的汽车金融渗透率超过 60%（2017 年为 75%），其中融资租赁渗透率超过 20%。（见图 1−6）

据中国银行业协会汽车金融专业委员会发布的《2017 汽车金融公司行业发展报告》（以下简称《发展报告》）数据显示，截至 2017 年末，新车整体金融渗透率提升至约 40%，二手车金融渗透率约为 8% 至 10%。艾媒咨询 2019 年 6 月数据显示，中国新车与二手车的金融渗透率分别为 39% 和 28%，预计至 2020 年，新车与二手车的渗透率将分别达到 42% 与 37%。国外发达国家新车金融渗透率大多超过 70%，二手车金融渗透率为 50%，中国汽车金融行业仍有较大发展空间。

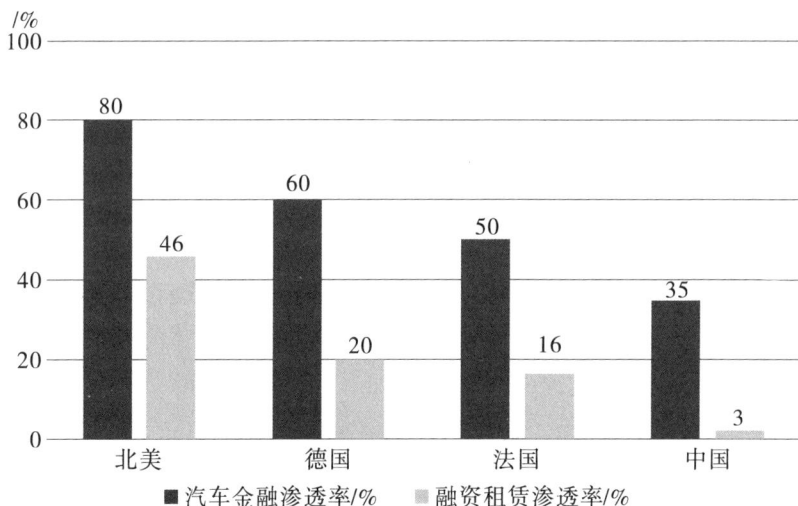

图 1-6　2016 年不同国家和地区汽车金融及融资租赁渗透率
资料来源：wind、盈灿咨询

四、　汽车金融格局

随着中国经济增速的放缓，目前国内汽车行业也由前些年的快速增长转变为微速增长，增速回落成为新常态，但由于整体产销规模的提升和国人消费理念的转变，汽车金融行业依然处于高速发展的阶段。与此同时，随着近几年互联网金融的崛起，互联网巨头以及众多汽车制造商开始纷纷布局汽车金融产业，这在逐渐丰富汽车金融产业结构的同时，也进一步加大了该行业的竞争性。

目前，我国汽车金融行业市场的参与者主要由商业银行、汽车金融公司（主机厂财务公司）、融资租赁公司、互联网金融公司等主体构成。

在整个汽车金融的全产业链中，市场供给方也是主要参与者，包括商业银行、厂商系汽车金融公司（主机厂财务公司、厂商系融资租赁公司，以下简称"汽车金融公司"）、第三方融资租赁公司（以下简称"融资租赁公司"）、互联网金融公司等，融资服务的需求方则包括汽车零部件供应商、主机厂、经销商/4S 店（集汽车销售、维修、配件和信息服务为一体的销售店）和消费者，两者共同形成了汽车金融产业链。保险公司作为保险供给方、SP（Service Provider，服务提供商）作为渠道方、GPS 服务商作为预警供给方等都围绕整个产业链，发挥着各自的服务职能。

（一）商业银行

商业银行是我国汽车金融市场最主要的竞争者，在一二线城市竞争优势更为明显。从汽车金融市场参与主体来看，国内以商业银行为主，国外则以汽车金融公司为主——2016 年之前，商业银行在国内汽车金融市场占比 6 成以上，而在美国其占比仅为 35%。

商业银行以其雄厚的资金实力为基础，涉足了汽车全产业链的金融服务领域，包括整车生产领域。由于汽车金融业务相对零散，因此我国的汽车金融领域参与银行多以股份制商业银行为主，如平安银行、招商银行、中信银行、浙商银行等，更有很多地方性银行参与，如晋城银行、上海银行、地方农商行等。在销售环节，主要提供的汽车金融产品为汽车贷款（大额消费类贷款）和信用卡分期，且二者在利率、发卡地区、抵押方式上都有很大的差异。信用卡分期由于不受发卡地区限制、不需要抵押等优势更受消费者青睐，特别是近几年随着科技的发展，信用卡可以以虚拟卡形式存在，主要的当面签约仪式也可以采用视频的方式实现，更有主机厂、互联网金融公司与商业银行合作的联名卡等项目推出，使购车方式更便捷、多样化、个性化。

（二）汽车金融公司

汽车金融公司是汽车金融领域最专业的参与主体。以上汽通用汽车金融为代表的汽车金融公司，在 2004 年成立之初就已经标志着我国进入了汽车金融专业化阶段。按照公布的数据，上汽通用汽车金融已为超过 625 万位中国客户提供了汽车消费信贷服务。截至 2019 年末，该公司各项贷款余额为1 100.46 亿元，比去年同期增长 10.09%。上汽通用汽车金融 2019 年的营业收入为 70.89 亿元，其中利息净收入为 61.32 亿元，实现净利润 31.52 亿元。

汽车金融公司现阶段主要业务包括经销商库存融资和汽车消费信贷。经销商库存融资是指汽车金融公司为品牌授权经销商提供融资支持，缓解经销商的资金压力；而汽车消费信贷则通过向商业银行进行同业拆借来实现（因为绝大部分汽车金融公司也受资本金规模限制）。

汽车金融公司的优势非常明显。首先，汽车金融公司背靠主机厂，以贴息政策优惠作为支持，部分厂商在贴息政策后的利率比商业银行的利率更有优势。其次，从产品角度而言，汽车金融公司的产品是最专业化的，相对于银行产品也更灵活，并且其团队的专业程度和人员支持也胜于银行，优化的审批流程和服务能给客户带来更好的金融服务体验。最后，由于获客渠道和消费场景都是主机厂旗下的 4S 店，这使得渠道对客户的把控力度更强，更能引导客户转向汽车金融公司，进而奠定了汽车金融公司在市场的渗透率、业绩一直处于稳定增长的趋势。

（三）汽车融资租赁公司

汽车融资租赁公司是汽车金融市场最具潜力的发展主体。自 1981 年 4 月第一家汽车租赁公司——中国东方租赁公司成立以来，我国汽车租赁业逐步发展起来，而历经近 40 年的沉浮，中国的汽车租赁业才实现了初步的发展。

据中国租赁联盟、联合租赁研发中心和天津滨海融资租赁研究院统计，截至 2018 年 6 月底，全国融资租赁企业总数约 10 611 家。全国融资租赁合同余额约 63 500 亿元（人民币）。而 2014 年我国境内的融资租赁公司才 2 202 家，由此可见，短短四年间，融资租赁行业进入了飞速发展阶段。自 2018 年以来，全国融资租赁行业继续发展，但增速明显减慢，这主要是由于 2019 年的监管体制趋严以及融资难度加大。

另外，根据罗兰贝格《2017 中国汽车金融报告》，目前全球范围内的汽车消费 30% 为现金购买，55% 通过汽车信贷，15% 则通过融资租赁方式。尤其在北美地区，汽车金融的渗透率高达 82%，汽车融资租赁渗透率高达 46%，美国有 30% 的新车直接批发给融资租赁公司。而截至 2017 年底我国汽车金融整体渗透率不足 40%，汽车融资租赁渗透率仅为 5%。

通过以上数据可知，虽然我国汽车融资租赁企业数量、行业规模都经历了爆发式增长，但是与发达国家相比，差距仍然较大，这表明我国汽车融资租赁市场潜力巨大，未来有很大的市场空间可以挖掘。

汽车融资租赁公司涉及业务模式较多，包含了直租（Direct Financing

Lease)、售后回租等业务模式。

相较于商业银行和汽车金融公司，汽车融资租赁公司凭借模式更灵活、首付款比例低、产品更丰富、材料更简单、审批更快速等优势在汽车金融领域占比进一步提高。目前优质的汽车融资租赁公司售后回租业务都可以只用两证一卡或一证通材料实现 15 分钟审批，当天放款。

直租模式中以租代购即"1＋3"模式尤为盛行。"1＋3"模式主要是指消费者支付少量的首付（一般 10% 左右）租赁车辆，每月仅支付租金就可以拥有车辆使用权，一年到期后，可以有 3 个模式选择：退租换车、支付尾款买车、转售后回租（3 年尾款分期还款）/续租。简单而言就是一成首付，先租后买。客户获得了一年的犹豫期去考虑选择哪种方案，同时获得了车辆一年的使用权。一般年轻消费群体因为更不在意短暂的所有权，所以更能接受这种模式。此模式其实将租赁物的所有权、使用权分离，车辆所有权属于租赁公司，所以其对客户的资质要求更低，且使用全线上操作进行申请，过程更简单，用时更短，因此客户无须操心各种烦琐手续，并且有灵活多样的服务和产品可以供其选择。所以，汽车融资租赁公司开展直租的业务可以更好地控制车辆风险，也能使盈利多样化，同时通过大数据风控体系，可以根据用户的资质和账号使用情况，提供不同的融资额度、首付比例、期限，因此，此类金融产品更加个性化、方便快捷。

（四）互联网金融公司

2013 年之后，随着中国互联网金融的爆发式增长，汽车金融的互联网演变加速，开启了新的篇章。

以 BAT（百度、阿里巴巴和腾讯）等互联网巨头为代表的互联网企业，包含了 P2P 平台、汽车电商在内的金融平台都开始布局汽车金融领域。互联网与汽车行业的融合不再是最初的汽车门户或者社区，而是发展到汽车电商、汽车金融平台等高级阶段。汽车金融服务互联网公司围绕汽车产业链的生产、流通、消费等各个环节提供服务。通过互联网拓展的汽车金融服务相较于传统汽车金融，涉及的范围也覆盖了汽车全产业链，包括企业融资、个人信贷、汽车抵押贷款、融资租赁、车险、汽车出行、汽车后市场金融服务等。互联网企业在数据积累、用户体验、交易支付等环节的持续创新，给行业消费者带来了新的体验。媒体和咨询类互联网机构（车贷搜索平台）也为汽车金融产品引流，进行品牌塑造。更多的汽车金融互联网第三方服务公司正在兴起，在整个汽车产业链上扮演越来越重要的角色。易鑫、优信等均在汽车互联网第三方服务商有所布局。

汽车金融服务互联网企业的最大优势是将互联网化的思维与汽车金融服务相融合，并且以开放、平等、共享的核心精神来解决用户在汽车金融服务中所面临的审批慢、条件苛刻等痛点。用户购车全流程中的每一个环节，包含购置税、保险、维修保养等延伸服务，互联网企业都可以提供更加专业化、人性化、一站式的金融产品和服务，给用户带来更好的体验。随着消费者尤其是年轻消费群体对互联网化消费和金融方式的接受度越来越高，加入汽车互联网金融市场的巨头也越来越多，创新的模式也不断涌现，中国汽车互联网金融的市场空间将爆发出巨大的潜力。（P2P公司由于主要以车抵贷模式为主，并且出现大量倒闭潮，所以此参与者不在本节重点研究范围内）

表1-3是对上文提到的四个汽车金融主要参与者的优势、劣势、产品特点等方面的简要对比分析。

表1-3　各汽车金融主要参与者的优势、劣势、产品特点等

	商业银行	汽车金融公司	汽车融资租赁公司	互联网金融公司
优势	资金规模庞大、资金成本低、网点较多、触达效果好	与厂商关系紧密、专业性较强、经销商网络布局较广、厂商商务政策较好、系统对接较强	增值税抵扣政策红利；外资入股的融资租赁公司，可以按照外资出资额比例进行一定比例的境外融资，获得境外低成本资金；成立门槛较低、对客户信用水平要求较低	具有资金、平台、大消费场景数据等天然优势，可通过技术手段改善流程、解决客户痛点
劣势	流程较长、对客户信用水平要求高、对于车辆风险评估经验不足，相较汽车金融公司在销售渠道和厂家支持方面不具备优势，用提高返利的方式来提高销售渠道并不是长久之计	资金规模受限、资金成本较高、成立门槛较高、对客户信用水平要求仅次于银行、依靠汽车厂商限制措施及汽车厂商推出定向短期免息政策来发展业务	资金规模受限、资金成本高、利率高、渠道单一	汽车金融专业度较弱、客户线上转化率低、线下难实现与4S店等消费场景利益平分，规模化

（续上表）

	商业银行	汽车金融公司	汽车融资租赁公司	互联网金融公司
主要参与者	平安银行、中信银行、招商银行、民生银行、浙商银行等	上汽通用汽车金融、宝马汽车金融、奔驰汽车金融、丰田汽车金融等	银行系租赁：平安租赁 专业租赁：远东国际租赁 厂商租赁：奔驰租赁、安吉租赁 经销商租赁：汇通信诚融资租赁、利星行融资租赁 消费金融融资租赁：中发展、乐信 专注汽车消费融资租赁公司：先锋太盟等	阿里巴巴、京东、腾讯、易鑫、弹个车、优信、瓜子
业务类型	库存融资、消费信贷、信用卡分期	库存融资、消费信贷	库存融资、消费信贷	消费信贷
产品特点	客户资质高、准入要求严格、价格低、产品单一（以风控为核心）、办理手续复杂	客户资质较高、价格较高但不定期针对各种车型有短期贴息活动、产品丰富（风控严格）、办理手续复杂	客户资质较低、价格高、产品设计灵活、手续简单、基本 App 端都可以实现线上功能	全流程线上操作、风控利用大数据、资金成本低、可涵盖普通用户群、价格中等
市场份额	根据第三方金融信息服务平台鲸准（Jingdata）的统计，截至2017年，国内55%的个人汽车消费金融由商业银行提供	根据中国银保监会统计数据，截至2017年末，全国有25家汽车金融公司，资产规模达7 447亿元，较2013年增长186.4%，约占32%的市场份额	根据《中国汽车融资租赁发展报告2017》，2017年融资租赁车辆达到150万辆，较上年增长2/3，融资租赁公司在汽车金融市场中的份额也从上年的7%提升到11%	2019 年初，互联网汽车金融在消费金融市场仍只占 10% 左右的市场份额

值得注意的是：

（1）各汽车金融参与者市场份额在 2017 年有了较大的转变。根据普华永道披露的信息，2017 年汽车金融市场份额的"主导者"为汽车金融公司和银行，市场份额占比分别为 52% 和 34%。商业银行曾是汽车金融最大参与方，在多元竞争格局下，其参与比重或有下降趋势。

（2）2019 年，银行业获得了首张汽车金融牌照。2019 年 7 月，深圳银保监局批复同意平安银行汽车消费金融中心开业，平安银行成为首家获得汽车金融牌照的商业银行。这预示着银行将全面发力汽车金融市场，并且走向专业化汽车金融的道路。

（3）以上银行主要指的是传统银行，并不包括新兴互联网银行（新网银行、微众银行等）。随着互联网银行的获批和展业，银行业竞争也愈演愈烈。例如，微众银行在 2015 年上线了二手车金融产品，对二手车金融市场进行布局。互联网银行具有科技优势，并突破了传统银行模式，部分银行已经实现了汽车金融自动化审批接近 70%，这将给银行在汽车金融领域实现市场份额增长带来新的机会。

五、 汽车金融业务模式

汽车金融的业务模式涉及面非常广，一般是由汽车金融的交易流程、对象和结构所决定的，例如汽车金融全产业链和汽车消费金融的模式就完全不同。另外，按照交易对象可以分为 to B 或者 to C，如 B2B、C2C、B2C 等。以下讨论的内容主要是针对汽车消费金融领域（即金融机构对消费者提供的融资服务），并且根据交易主体、交易规模及消费场景进行区分。就整体规模来看，目前整体市场是在万亿级的水平，其中厂商系的汽车金融公司（含财务公司及租赁公司）和银行是主要参与者，另外还有互联网平台及融资租赁公司。

（一）银行模式

银行模式是最早、最传统的汽车金融模式，是汽车金融行业最主要的资金提供方，早期处于垄断地位，占据市场份额 6~7 成。银行按交易主体又可分为直营贷款、信用卡、担保三种不同的模式。总的来说，可以分为直客式模式和间客式模式。

1. 直客式模式

直客式模式以银行为中心，客户必须在银行指定网点申请贷款并提供相关材料，包含信用报告。与传统的间客式模式比起来，这种模式最主要的优势在于为客户节省了烦琐的中间环节，同时客户还享受价格优惠。但是银行对客户资金的要求普遍较高，客户需要提供的审批手续较烦琐，有的地方性银行甚至对客户的户口等地域性条件也有限制。一般银行的审批是最严格的，时间周期也最长。部分银行针对公务员等优质客户有很宽松的政策支持，利率也是最低的，但是针对企业主的条件会更高，特别看重企业主资产负债比例和征信情况。

另外，目前很多银行的信用卡中心也开展了汽车分期付款业务。在信用卡的模式中，客户是不需要进行抵押的，但是针对客户的面签和实地走访更加严格，额度相对于银行额度也会更少——完全是根据客户自身的征信体系、收入水平和还款习惯等给予额度。

2. 间客式模式

间客式模式是由银行指定汽车经销商（4S 店）合作，客户在合作汽车经销商那里申请贷款手续、提供申请材料并签订合同，享受一站式服务，经销商通常会在其中收取 2%~4% 的管理费。经销商作为中介方使客户和银行产生借贷关系，并且可以作为担保方为银行提供担保。这种模式的优势是不用客户亲自去银行办理各项事宜，在汽车消费场景就可以一步到位实现贷款申请，有助于银行贷款业务的扩张，同时银行也将风险从客户转移到经销商。但此模式的最大隐患还是风险问题：一方面银行没有直接与客户见面沟通确定贷款意图，另一方面一部分风险取决于经销商的操作严谨度，例如客户的面谈沟通和资料初审环节实际上是由经销商完成的。

这一模式缓解了人们购车一次性支付所带来的经济压力，但由于这种信贷方式缺乏金融机构的全面参与和全力支持，必然要求经销商具备较强的资本实力、资本运营能力及风险承受能力，因此该模式在市场上总体的信贷规模受限。

（二）汽车厂商模式

以汽车金融公司为主体的信贷模式以上汽通用汽车金融的发展为首，其在发展早期从作为独立的金融服务提供商发展到多品牌服务的理念，首创了 SP 模式且被汽车金融各参与主体沿用至今，此模式的最大优势是可覆盖更广阔的区域和品牌商（例如三四线城市甚至偏远地区）。以上汽通用汽车金融为首的各大厂家品牌（例如奔驰汽车金融、宝马汽车金融等）主要对旗下品牌的金融服务和渗透率进行指标设置和考核。

汽车厂商模式的主要交易流程如下：消费者要先选定打算购买的车型，然后通过所属汽车公司的经销商购买，经销商会根据购车者的具体要求，提供可选择的分期付款方案。产品包含首付、贷款期限、月供等和汽车保险项目。接下来需要按照要求准备相关的文件，经销商的销售人员将申请材料提供给汽车金融公司，审核通过后，就能获得该汽车金融公司的贷款。首付一般为30%，贷款年限不超过5年。

目前消费者不仅可以通过4S店直接申请办理，而且在厂商的线上官网也能够在线申请，但是最终交易时仍然要到线下4S店，与汽车销售人员面对面沟通。这样不仅可以让客户直接在店里选择金融服务、保险等附加产品，消费场景和消费人员的推荐也更有助于客户的认可和接受。另外，厂家对客户的忠诚度有相应的指标，因此在专业服务和品质上有严谨的考核和步骤，而且已经积累了大量的忠实品牌用户，有了这个基础，车主们更易于接受厂家推出的各种金融服务。

汽车金融公司贷款是目前大多数购车者选择的方式，虽然相较于银行贷款利率要高一点，但是由于其在专业度、服务质量方面具有先天的优势而被不少购车者青睐。并且厂家金融模式常年有贴息政策，虽然政策限定额度、期限或者车型，但是客户一旦符合贴息政策的标准，交易是非常划算的，很多厂家或车型甚至可以做到零利率。

目前面对各大参与者的竞争，汽车金融公司一方面将产品从车贷发展到融资租赁（自建融资租赁公司，如奔驰汽车金融），另一方面通过设计专属的优惠方案或活动来吸引优质用户。由此可知，汽车厂家所推出的金融服务在体量上仅次于传统银行，但是在互联网时代下，还需要有更大的突破和创新。

（三）融资租赁模式

汽车融资租赁一般分为两种：直租（正租）和售后回租（反租）。直租即直接租赁，借款人向融资租赁公司申请借款，申请通过后借款人向融资租赁公司支付一定比例的首付或保证金，车辆所有权归融资租赁公司，借款人享有车辆使用权并按月支付租金，合同期满，车辆即过户给借款人。消费者可选择零首付、牌照、保险、购置税、汽车装潢等其他购车费用一起融资分期；售后回租即承租人先将自有车辆卖给融资租赁公司，再从融资租赁公司将车辆租回使用，承租人按月付租金。

融资租赁公司的产品更加灵活，首付更低。由于可增加可融项目，一般融资额度会更高。另外，相较于银行和汽车金融公司，融资租赁对客户的资质要求更低，资料更简单、服务更快捷，不过利率更高。融资租赁公司一般通过直营和SP两种渠道开展业务。

直营模式是重资产和重人力的模式，统一的管理与品牌影响力是直营模式提供优质服务的基础，而统一产品、统一管理以及强风控管理都要投入巨大的物力和人力，在直营模式的管理上，人为的道德风险和操作风险也需要采用有效的手段进行把控。直营是公认的最原始也是最靠谱的模式，但缺点在于扩张慢，容易出现管理事故。虽然SP模式可以解决扩张速度的问题，但是在扩张到一定规模之后也无法再进行很好的管理，备受限制。

SP是Service Provider的缩写，是指专门定位给客户提供汽车金融服务的渠道服务商。最早的汽车金融行业的SP模式起源于上汽通用汽车金融，当时其尝试对通用之外品牌的经销商开展汽车消费贷款业务，而为了更加规范业务和持续发展这种新业务，在2011年左右，上汽通用汽车金融把这种业务从4S主体中剥离出来，单独授权给当地专门成立的汽车贷款服务公司来运作，由此诞生了第一批SP。

机构选择和SP合作，一般分为"先抵押后放款"和"先放款后抵押"两种模式。"先抵押后放款"模式对于金融机构而言没有操作风险，因为抵押物抵押完成才放款，但是这一模式需要渠道商先开票上牌抵押才能放款，因此周期一定会拉长；"先放款后抵押"模式方便SP资金回笼，但是需要SP有垫资能力，所以相对于金融机构，这一模式对于SP的管控要更强大，该模式一般会对优质的代理商开放权限，并且要求SP缴纳一定的保证金，同时SP在金融机构放款后和完成抵押阶段须承担连带担保责任。

目前看来，直营模式和SP模式没有孰优孰劣之分，大部分公司会将二者相结合或者转化进行，但是不管是直营模式还是SP模式都需要进一步发展完善，形成更加良性的创新模式。

（四）新兴互联网平台（含汽车综合服务平台）

汽车电商模式兴起于2012年左右，由于发展技术不成熟，消费者无法信任大宗商品的线上交易，再加上线上线下信息不对称（主要是价格）导致转化率极低，汽车电商主体无法运营，电商化道路受阻。2014年后，多家汽车厂家的官网推出线上申请，银行等机构也相继推出。汽车电商巨头掌握大量的消费者信息和交易数据，有消费场景的优势，因此联合第三方公司推出了各大互联网平台，例如阿里巴巴的车秒贷、易鑫（原易车）、瓜子、优信等。

发展到目前,此模式包含主体较多,既包含了以易车为代表的媒体汽车电商平台,也包含了由瓜子领头的二手车交易平台,还有垂直于汽车金融的聚车 P2P 理财平台。其中易鑫集团(由易车网旗下汽车金融事业部分立而成)背靠腾讯、京东、百度三大互联网巨头战略入股(2017 年 11 月在港上市),强大的股东背景不仅可以在资金方面提供支持,在扩大业务规模、搭建团队、宣传营销、拓展业务等方面都有更强的竞争能力和专业人士提供帮助。其主要业务以新车贷款和以租代购为主,运营模式是"线上平台 + SP + 直销 + 经销商"全渠道闭环。

阿里巴巴、百度与各银行和汽车厂家(如奥迪、别克、日产等几十个品牌)推出了综合类的跨界合作,包含了贷款、保险、理财等业务。

瓜子二手车以 C2C 的平台模式打破了传统的车主与商家模式,形成了无差价模式,让整个交易过程更加开放透明。其主要业务以二手车金融服务为主。

互联网平台是汽车金融的未来重要参与者之一。其依靠大数据技术可以获得更真实、更全面的客户信息,另外在线上申请流程、人脸识别、审批速度等客户体验方面更加人性化,具有用户体验好、价格更透明的优势,同时,在资金方面,依靠大股东背景的平台可以拥有更低的资金成本,资金渠道也更加多样化。因此,在未来必定有 1~2 家巨头互联网平台可以成为汽车金融的主要参与者。

综上所述,多种商业模式可以并存是因为各大参与主体具有不同的优势,且汽车金融市场还处于快速发展的时期,未来还有很大的发展空间。因此,可以预计在未来的 3~5 年,行业会进入艰难的竞争和洗牌阶段,各发展主体必须发挥自己最大的优势,与市场紧密结合,才能提高市场占有率并最终占领市场。

六、 汽车信贷与融资租赁

上文已经介绍了汽车金融的主要参与者与现有格局,现需要将汽车信贷业务与融资租赁业务在产品结构和规模上进行一定的区分(见表 1 - 4)。

美国融资租赁占汽车消费环节中的比例较大(占 46%),相比其他模式,融资租赁首付更低,手段更便捷。由于美国等国家的征信体系搭建得更早、更完善,所以汽车融资租赁的客群和消费理念与业务模式更加匹配。总的来说,一方面,美国的消费客群更加优质,有足够承担融资租赁消费形式的能力，避免风险；另一方面，汽车的融资租赁参与者也更多地进行了品牌化及专业化，汽车中高档品牌的生产商参与融资租赁业务模式占比较大，例如美国消费者每年或每两年就更换奔驰、宝马等车系的现象非常普遍。

以融资租赁的发展情况对标美国，可以预计此模式在我国将会快速增长。一方面，由于融资租赁公司成立门槛较低，对于消费者而言也有更低的首付门槛。随着新生代消费者的崛起和消费习惯及理念的转变，这种模式会被更多消费者使用；另一方面，融资租赁也可以满足主机厂的供货需求，会大大减少主机厂的库存压力和竞争。长远来看，融资租赁模式也有助于共享汽车平台和网约车的发展，未来在国内有更大的发展空间。

表1-4 汽车信贷与融资租赁业务对比分析

	汽车信贷	融资租赁
参与主体	银行、汽车金融公司（厂家）	汽车融资租赁公司、互联网公司
参与主体资质	牌照难拿（银行或汽车金融牌照）	牌照容易拿（融资租赁牌照）
客户资质	要求高，资质严格	要求低
产品价格	相对低	相对高
产品灵活度	低	高
首付比例	高	低
贷款期限	最长5年	最长3年
审批资料	多	少
业务区域	全国	地方性为主，全国直营为主
业务规模	大	小
市场成熟度	中等	起步
发展空间	较小	较大
消费场景	4S店为主、线上、银行网点	SP、4S店、线上、二手车行、直营等
车型	新车	新车、二手车、LCV（部分公司有卡车）

注：产品价格上，融资租赁公司＞汽车金融公司＞银行（普遍情况，不排除个别公司和厂家进行促销或活动期间价格的波动和调整，具体价格还是要参考各公司的官方定价）

不过融资租赁产品的消费受众的质量低于4S店的优质客户，获客成本也高于传统渠道，因此融资成本较高。此外，融资租赁的现金流结构更加复杂，首付比例、月还款额和尾款比例不一。另涉及车辆残值的预估与确认，因此价格普遍很高。后面章节将会详细描述此模式的产品设计。

目前，我国汽车融资租赁市场仍处于起步阶段，绝大多数企业规模较小，在风险和市场拓展中竞争压力很大，另外，由于融资渠道比较单一，资金成本偏高造成了产品定价偏高。但是其优势也非常明显——更多样灵活的个性化产品定制，手续方便快捷，首付金额低等。中国目前融资租赁的渗透率在5%左右，与发达国家仍有较大的差距，因此，未来融资租赁的发展空间会更大，市场规模也会更广阔。

七、 汽车金融行业发展

汽车金融作为汽车产业与金融的结合，是当前产业金融的重要领域。近年来，在宏观经济增速放缓的形势下，汽车金融行业呈现飞速发展的态势。随着中国汽车消费市场的快速增长、消费主体和观念的转变、个人征信系统及汽车金融业务法规的完善，市场参与者日趋多样化，资产规模大幅提高。虽然与发达国家相比，我国的汽车金融行业尚处于起步阶段，汽车金融渗透率远低于国外汽车金融成熟国家，且个人征信系统与发达国家仍存在差距，但随着大量的资本流入汽车金融市场，特别是在中国互联网发展的大背景下，各大互联网企业都在汽车金融行业布局，汽车金融行业必将迎来行业发展高峰。从新车市场到二手车市场，汽车市场每年的业务规模有数万亿元之巨，且保持持续增长态势。

中国新车销量快速增长，连续八年总量居于世界首位，但千人汽车保有量仅有140辆，远低于美国的800辆，可见中国汽车市场潜力仍然巨大。同时，二手车的销量在2016年达到新车的1/3。据中国汽车流通协会预计，2020年，中国二手车的销量将达到2 920万辆。汽车金融业有望在2020年达到渗透率50%，市场规模或可突破2万亿元。[①]

（一）规模化

我国汽车金融市场规模已经超过8 000亿元，整体的渗透率在35%～

---

① 前瞻产业研究院，https://bg. qianzhan. com。

40%，但与成熟汽车市场的80%渗透率仍有较大差距。根据中国资产证券化分析网统计，2017年全年共发行了31支个人汽车抵押贷款资产支持证券，发行规模高达1 089.78亿元，同比增长85.59%。相较于2015年、2016年，2017年汽车金融公司发行ABS（资产抵押债券）的节奏明显加快，大部分汽车金融公司每单ABS的体量在30亿～50亿元。据汽车研究院不完全统计，2017年汽车电商、互联网汽车金融平台在场内、场外共计发行了约50亿元的ABS。不管从市场规模还是资金规模来看，都可以说明汽车金融在未来将有更大的发展空间。

与传统的行业相比，汽车金融的资产规模以小而分散的形式呈现，因此更具优势。但是由于其产业链条更长，体验节点很多，线下建店的成本相对较高，对人员和行业的经验、专业化要求也很高，所以很难形成一家独大的局面。从2018年开始，汽车金融行业已经进入巨头厮杀的阶段，预计未来70%～80%的市场份额很可能被2～3家行业巨头垄断。

（二）征信化

目前，我国最权威的征信机构是中国人民银行征信中心，它也是银行和汽车金融公司信用审核的基础。中国人民银行征信数据源以各大商业银行及持牌金融机构上传信息为主，辅以部分来自政府部门的数据，例如公积金、法院执行等。据中国人民银行征信中心数据，截至2015年9月末，中国人民银行征信系统已收录8.7亿自然人，其中有信贷记录的3.7亿人，白户（没有信用卡和其他信贷记录的用户）有4亿人左右。中国人民银行征信系统目前并不能完全覆盖所有公民（很多骗贷行为也是利用了此漏洞），这成为目前征信业局限性最大的地方。

但是征信的发展也需要时间和耐心。以美国征信业发展为例，从1920年起建立征信体系，经过约80年才在2000年基本稳定，形成了以三家征信局为主的征信体系。而我国的征信业从21世纪初才开始发展，目前还处于初级阶段。

2012年征信报告中有贷款记录的有2.89亿人，2013年有3.21亿人，2014年有3.5亿人。每年增长率约10%，基于此增长速度，预计到2020年将达到6.2亿人，在购车消费群体中，这个占比至少达到70%，这样征信体系就基本建立起来了。以此为前提，可以通过网络化的方式进行自动审批，缩短人工时效，简便手续。可以预见的是，不久的未来，征信体系将向更专业化的方向发展。

（三）网络化

2016 年，75% 的互联网用户年龄介于 18～34 岁，这部分人群成为互联网汽车消费的主流人群。

"85 后"的消费群体对于价格的敏感度更低，更能接受新型的汽车金融方案，因为这样不仅可以让他们更快地拥有更好的汽车，而且能享受更便捷化、多样化的服务，例如支付方式的发展让消费者购车过程更加快捷、高效。由于汽车消费群体日益年轻化，他们对汽车金融的服务更注重个性和体验。因此需要互联网用技术手段解决行业痛点，推动汽车金融行业的进一步发展。

网络化的另一个重点是利用技术手段进行风险管理。例如建立互联网金融信用体系和利用大数据进行风控审核。金融的核心竞争力是风控，而风控的关键在于风控的管控能力，这些主要集中在贷前的客户选择和贷后的 GPS 位置管理。科技公司运用的信息源主要来自于线上的信用表现和客户习惯，这可以更加全面地了解客户的情况。这些数据包含了客户生活的方方面面，结合科技公司强大的数据处理能力，通过客户在电商网购、收入水平、消费习惯等多维度的信息辅助大数据对用户开展征信和用户画像（User Profile）分析，再结合具体情况为他们提供不同的额度和贷款方案，例如阿里巴巴的消费数据、腾讯的社交数据等。除了提供用户画像，还可以提供反欺诈服务，利用线上数据、电信数据结合神经树算法，实现欺诈风险提示。

目前汽车金融行业还没有实现完全互联网化，因此需更多地从技术、渠道、风控等方面创新业务模式。汽车金融行业应顺应大数据时代的发展趋势，加强信息共享，让互联网化的行业更加信息透明、高效便捷。

（四）产品个性化

随着消费群体年轻化、消费意识的转变，消费者对生活品质要求更高，更具有超前消费意识，而这些特点促成了消费者对汽车金融行业的产品有着更高、更个性化的需求。自 2016 年起，中国人民银行与中国银监会发布多条政策鼓励汽车金融产品创新。

个性化的产品不是单个的产品个性化，而是在整个产品体系下，每个产品都能实现个性化，渠道选择范围更广，可覆盖的客户也更多。与此同时，个性化产品还可以解决用户的痛点，击中客户的购买欲望，更甚者，可以在未来实现针对个体服务对象的实际情况与需求，由产品设计人员为客户量身定做。对于金融产品而言，创新产品的意义，更多地体现在服务层面，即满足客户的特殊需求。

可以清晰地看到，若通过挖掘并使用大数据精准描绘客户画像，开发更多自动化、智能化的科技手段，建设多元化的消费场景，汽车金融的行业产品将更符合客户的高品质需求，产品设计也会更加个性化，所以，我们相信未来的模式一定是"产品＋网络＋金融"。

产品的内涵

第二章

一、 产品的定义

人们通常理解的产品（Product）是指具有某种特定物质形状和用途的物品，是看得见、摸得着的东西，这是一种狭义的定义。产品的狭义概念：被生产出来的物品。

而市场营销学认为，广义的产品是指人们通过购买获得的能够满足某种需求和欲望的物品的总和，它既包括具有物质形态的产品实体，又包括非物质形态的利益。产品的广义概念：可以满足人们需求的载体。

以上的说法可以理解为：

产品，是一组将输入转化为输出的相互关联或相互作用的活动的结果，即过程的结果。在经济领域中，通常也可理解为组织制造的任何制品或制品的组合。可以简单理解为能够供给市场，可以被人们使用和消费，并能满足人们某种需求的任何东西，包括实物、服务、场所、组织、观念等。

一句话概括产品：顾客未被满足的需求以及未解决的问题的解决方案。

随着社会不断地发展和变化，产品的种类、样式也会产生层出不穷的变化——新产品会不断地出现，品质会不断地提高，种类会更加丰富多彩，这是现代社会经济发展的主要特点。

"产品"概念是舶来品，最早运用于工业设计和生产。小件类可涉及我们日常生活的日用品，如水杯。大件类如我们日常使用的家电设备——空调、洗衣机等。随着社会及互联网的发展，特别是中国一大批互联网企业的崛起，所有互联网企业创始人与管理者在公开场合和公司内的发言都离不开产品及服务，此时产品的概念被广泛地运用于商业及互联网领域，得以被普罗大众所知。

二、 产品的整体概念

20世纪90年代以来，菲利普·科特勒等学者倾向于使用五个层次来表述产品整体概念，认为五个层次的表述方式能够更深刻、更准确地表述产品整体概念的含义。产品整体概念要求营销人员在规划市场供应物时，要考虑到能提供顾客价值的五个层次。产品整体概念的五个基本层次如图2-1所示：

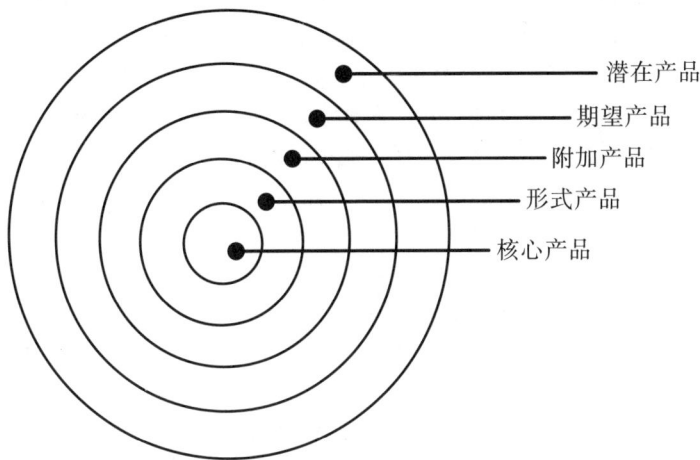

图 2 - 1　产品概念层次

1. **核心产品** (Core Product)

核心产品也称实质产品，是指消费者购买某种产品时所追求的利益，是顾客真正要买的东西，因而在产品整体概念中也是最基本、最主要的部分。消费者购买某种商品，并不是为了占有或获得产品本身，而是为了获得能满足某种需要的效用或利益。从根本上说，每一种产品实质上都是为解决问题而提供的服务。因此，企业在开发产品、宣传产品时，都必须具有反映顾客核心需求的基本效用或利益。

2. **形式产品** (Basic Product)

形式产品即有形产品。形式产品是指核心产品借以实现的形式，即向市场提供的实体和服务的形象。产品的基本效用必须通过某些具体的形式才得以实现。它在市场上通常有五个特征，即品质（质量水平）、式样、特征（外观特色）、商标（品牌名称）及包装。即使是纯粹的服务，也具有相类似的形式上的特点。市场营销者应首先着眼于消费者购买产品时所追求的利益，以求更完美地满足消费者需要，从这一点出发再去寻求利益得以实现的形式，进行产品设计。例如手机，形式产品不仅仅指手机的通话功能，还包括它的质量、造型、颜色、内存等。

3. **附加产品** (Augmented Product)

附加产品也称延伸产品。附加产品是消费者购买有形产品时所获得的全部附加服务和利益，包括提供信贷、免费送货、保证、安装、售后服务等。附加产品的概念来源于对市场需求的深入认识。因为消费者的目的是满足某种需求，因而他们希望得到与满足该项需求有关的一切。美国学者西奥多·莱维特曾经指出："新的竞争不是发生在各个公司的工厂生产什么产品，而是发生在其产品能提供何种附加利益（如包装、服装、广告、顾客咨询、融资、送货、仓储及具有其他价值的形式）。"由于产品的消费是个连续的过程，既需要售前宣传产品，又需要售后持久、稳定地发挥效用。因此，服务是不能少的。可以预见，随着市场竞争的激烈展开和用户要求的不断提高，附加产品越来越成为竞争获胜的重要手段。

4. 期望产品（Expected Product）

期望产品是指消费者在购买产品时期望得到的与产品密切相关的一整套属性和条件。一般情况下，消费者在购买某种产品时，往往会根据以往的消费经验和企业的营销宣传，对所欲购买的产品形成一种期望。消费者所得到的，是购买产品所应该得到的，也是企业在提供产品时应该提供给消费者的。对于消费者来讲，在得到这些产品的基本属性时，并没有太多的形成偏好，但是如果消费者没有得到这些，就会非常不满意，因为消费者没有得到他应该得到的东西，即消费者所期望的一整套产品属性和条件。

5. 潜在产品（Potential Product）

潜在产品是指一个产品最终可能实现的全部附加部分和新增加的功能。许多企业通过对现有产品的附加和扩展，不断提供潜在产品，这给予消费者的就不仅仅是满意，还能使消费者在获得这些新功能的时候感到喜悦。现有产品包括所有附加产品在内的，可能发展成为未来最终产品的潜在状态的产品。潜在产品指出了现有产品可能的演变趋势和前景，也使消费者对于产品的期望越来越高。

三、 产品的分类

产品概念虽然涉及广泛，但是不同类型的产品有其各自的属性和特征，会导致消费者不同的消费行为。企业必须根据产品类型的不同和消费者行为的差异对产品进行分类，这也是在产品设计和市场营销活动中至关重要的一环。

产品的分类可以从不同的角度进行，并不仅仅是单一维度的分类。例如：

（1）按产品的用途划分，可以划分为消费品、工业品；

（2）按产品的耐用性和有形性划分，可分为耐用品、非耐用品和服务；

（3）按消费者的购物习惯划分，可分为便利品、选购品、特殊品、非渴求品；

（4）按产品之间的销售关系划分，可分为独立品、互补品、替代品；

……

但是以上这些都不是本书重点探讨的内容。从产品的定义来看，可以将产品分为四大类：有形的物品（如手机）、服务（如购物网站提供的便捷物流服务）、组织（如乐团满足艺术享受的精神需求）、观念（如满足获得知识、经验及技能等需求）。

按照以上的分类，汽车金融产品就属于"服务"类别。另外，还可以根据产品的消费场景和用户大致分为线上产品、线下产品两大类。互联网产品以线上的用户体验和功能设计为主，而汽车金融的消费场景又锁定了用户必须通过线下渠道完成提车等步骤，但是目前很多公司可以做出从线上转为线下，形成线上线下闭环的产品。

产品的概念涉及广泛，汽车金融行业的产品基于平台和消费场景，应归于金融类产品大类，其消费场景以线下为主，不管是线上平台还是 App 等都只是流量入口及用户服务体现的端口。本书侧重的是金融产品的开发，线上的产品虽然也是非常重要的一块，但是可以独立出来后续详细介绍。

汽车金融类的产品属于广义的消费金融领域，为了便于理解，本书将消费金融产品和汽车消费金融产品的概念进行区分，并着重分析互联网产品与金融产品的异同点。

（一）消费金融产品与汽车金融产品的概念

消费金融是指传统金融机构和互联网金融平台向各阶层消费者提供以消费（不包括购买房屋）为目的的贷款的金融服务方式，常见的产品包括汽车贷款、消费贷款、无抵押个人现金贷款以及房屋装修贷款等（见图 2 - 2）。目前消费金融的服务提供商，包括商业银行、小额贷款公司、消费金融公司、分期平台和汽车金融公司等多种类型。汽车金融产品隶属于消费金融，但是明确以购车为目的，强调购车主体的真实性、购车需求的真实性、购车主体和使用人的一致。

```
                    ┌─────────────┐
                    │ 消费金融     │
                    │ 产品分类     │
                    └─────────────┘
                          │
                    ┌─────────────┐
                    │ 按照资金     │
                    │ 用途分类     │
                    └─────────────┘
```

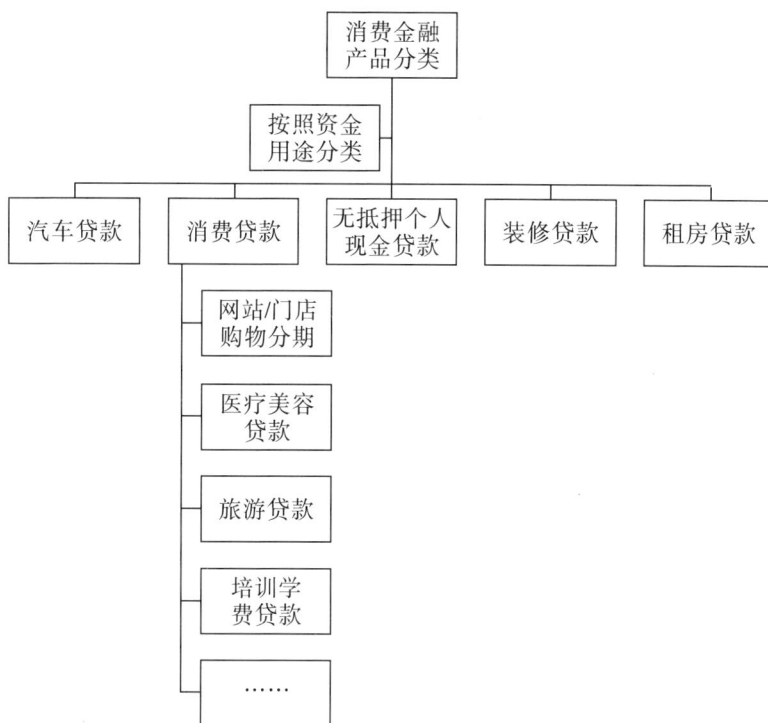

图 2 - 2   消费金融产品分类

（假定）汽车金融产品指传统金融机构及互联网金融平台向各阶层消费者提供以汽车消费为目的的贷款的金融服务方式。狭义的汽车金融一般是指汽车贷款，即客户购买汽车需要贷款时，可以直接向金融机构或者金融平台申请优惠的支付方式，而消费者可以按照自身的个性化需求来选择不同的车型和不同的支付方式。广义的汽车金融产品包含与汽车行业有关的所有汽车金融产品，比如以租代购、融资租赁、库存融资等。（见图 2 - 3）

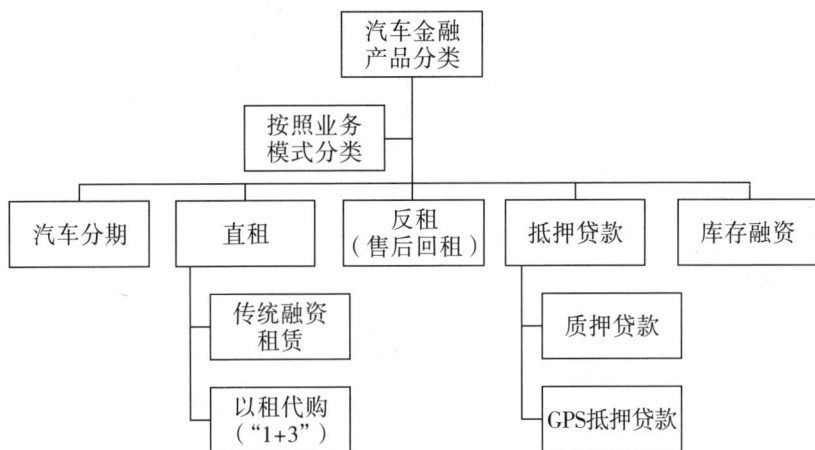

图 2-3 汽车金融产品分类

（二）互联网产品①与金融产品的异同点

1. 互联网产品与金融产品的不同点

目前提到产品经理，大多数人会默认为互联网产品经理。因为人们不管是通过微信还是阿里巴巴所了解到的曾经一度被神化的产品经理便是我们说的互联网产品经理或者线上产品经理。但是互联网产品与金融产品还是有本质的差别和区分的，这里可通过简单的介绍将其分类。两者也有共通之处，只是在大体的目标、方式、工具、实现目的上还是有差异的，相同的是思维习惯、框架和流程、运营目标及用户分析。

（1）赢利模式不同。

提到线上的赢利模式就不得不说获客成本和用户价值，这两点与金融产品有本质的差别。金融产品的成本主要还是资金成本，而互联网产品的成本主要是获客成本，并且不管是用户收费的形式还是用户免费但将用户价值转化为广告商的形式，都是通过提高用户价值和流量、降低获客成本实现的，这种赢利模式与金融产品有着本质的区别。

用户价值又涉及时间价值，即每日活跃用户（DAU）消费价值和单用

---

① 互联网产品也简称线上产品。虽然目前各家金融公司也有互联网产品，但是这里主要是依据产品属性进行区分的。例如传统金融产品只是线上销售也算作金融产品。互联网产品更是一种流量的体现。

户平均贡献（ARPU）的概念，一般用产品定价和产品矩阵的方式来提高用户价值。获客成本则涉及转化率和留存率，转化率指免费用户到消费用户的转化率；留存率即老客户的获客成本为0，老客户留存越高，获客成本越低。一般用权益和关系网设定来提升用户转化率，用场景和身份设定的方式提高留存率。

赢利模型指出，当用户价值大于获客成本时，企业赢利；降低获客成本，提高用户价值，资金运转速度就会加快；当用户量达到某个点时，用户价值倍增，幸福拐点来临。

（2）运营或营销方式不同。

无论是网状营销结构还是单向营销结构，二者只在营销方式上有不同，其目的都是让用户有更好的参与感，从而影响用户，传播口碑。互联网产品运营的核心工作主要是流量的建设和用户的维系，其方式包含了流量、活动、内容、用户各种模块。例如通常所说的 PV（Page View）页面浏览量、UV（Unique Visitor）独立访客访问数、注册转化、SEO（Search Engine Optimization）搜索引擎优化等指标都是流量运营所需要关注的数据。

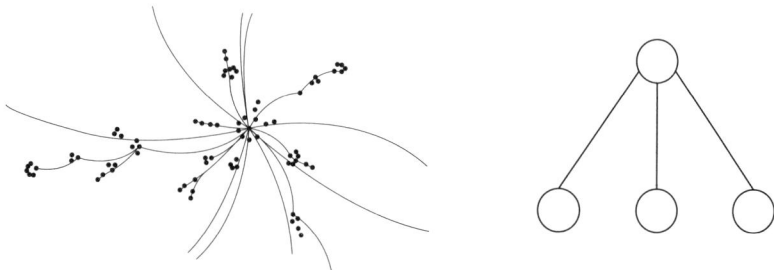

图 2 - 4　网状营销结构与单向营销结构

图片来源：鸟哥笔记，https://www.niaogebiji.com/article - 17865 - 1.html

用户运营是依据用户的需求，制定运营方案或运营机制，以提高用户的活跃度、留存率与付费，现在已发展到针对不同类型的用户，进行有针对性的运营策略的阶段，例如引入新用户、留存老客户、促进用户付费、挽回流失或沉默的用户等；活动运营主要是通过开展活动拉动数据短期指标的提升，例如电商的优惠券、团购、秒杀等；内容运营的目的主要是增加用户黏性，提高用户活跃度，一般通过采集、创造、组织、呈现内容等方式。我们可以从以上内容看到，与金融产品对比，互联网产品运营的工作内容、方式和指标是不同的，通常是通过各种运营来转化为数据指标进行评估，因此要求其运营人员具有更高的创造力、思维灵活度、用户感知能力和更扎实的文字功底等。

互联网产品和金融产品相同点在于，两者的结果都是通过运营的数据来体现，不过可能在方式方法上会有所不同，比如用户画像或利润指标。

（3）工具及形式不同。

说到互联网的产品设计，就一定会涉及交互体验和原型设计。一般来说，互联网产品经理都是略懂技术的，也有很多会写算法或编程，所以他们使用的工具大多有 Office、Axure、Visio、墨刀等，需要产出的工作内容有 BRD（商业需求文档）、PRD（产品需求文档）、MRD（市场需求文档）、流程设计文件、原型设计文件、产品规划文档、竞品分析文档等。

总之，以上内容只是列举了两者最大的不同之处，很多细节或方式上的差异，此处不展开讨论。

2. 互联网产品与金融产品的相同点

互联网产品与金融产品虽然在很多方面有差异，但是二者在整体的产品大框架和职责范围上并没有太大的不同。

互联网产品与金融产品的产品设计模块都包括产品规划、竞品分析、用户分析、需求分析等，产品管理模块都包括文档的管理和输出、流程设计（原型设计）、产品测试等，运营模块都包括市场推广、活动策划、数据分析等。

所以，产品的设计不管是线上还是线下，思路都是相同的，只是实现的方式不同。因此，更重要的是加强产品思维的训练以及产品人的综合素质的培养。

四、 产品的要素

通常我们说到互联网产品架构要素有三个：情景、内容、用户，但是汽车金融产品的核心要素与之相比有很大的差别，主要包括产品名称、产品特点、首付比例、车辆类型（可具体到车型）、融资期限、融资额度、还款方式、获客渠道、利率等。

汽车金融的产品内容一般包括以下几个部分：产品名称、产品特点、车辆类型（可具体到车型）、首付比例、融资比例、贷款期限、还款方式、万元系数、租赁类型、融资范围、GPS 价格、首付范围、申请条件、资料标准、审批时效、促销活动（包含相关服务）、车辆融资额、GPS、保险

（人身意外险）、购置税名称、首付款比例、尾款比例。有的还会增加进件方式（App/PC/微信）、操作流程和指引。

（一）产品名称

人们通常会认为产品名称是吸引客户的关键因素，因此一般会花很长的时间去头脑风暴来确定产品名称。但是根据以往经验和调研结果分析，客户最在意的不是产品名称，客户一般也不知道自己购买的产品名称，反而是销售人员和渠道方的工作人员对产品名称很熟悉，但是如果一个公司有几百个产品名称，他们也是记不住的，所以一般对产品的名称有一个最基本的要求：简单好记。

例如名称一般是以产品结构为基础配套的，单个名称对应不同的产品特征。产品名称越简单越好，越容易记越有优势。现在市场上同类的名称、相似的名称特别多，且以三个字为主，多包含"贷"或"融"字，但是需要小心使用，因为非常多的公司产品名称都是同名或者重复的。融资租赁公司一般不能用"贷"字作为产品名称。例如（某某租赁）：零、一、两、低、标、高、快、卡、特。这种产品序列是可以让客户容易理解且快速记忆的，首先能够吸引客户眼球并让客户有直观的记忆点，再结合营销方式和宣传物料等，让客户可以轻而易举选择适合自己的产品，渠道方与客户的沟通也更加简便。

这样做的好处，除了容易理解记住之外，更重要的是将产品的核心放在其他要素上，缩短沟通成本和时间。不管是销售人员和客户之间，还是渠道方和公司之间，这样的表达准确、一步到位，不易造成沟通上的误会，也不用浪费太多时间解释，就可以直击目标客户，更好地向客户推荐和找到适合对方的产品。因此，产品名称命名得好是锦上添花，反之就是画蛇添足。

（二）产品特点

一般用一句话或简短的一两个词（原则上不超过三个）描述产品的特点或卖点，但是由于金融产品不像其他有形物品可以让人直观地看到特点，它的要素也特别有限，可能拿两个公司的产品进行对比会发现它们的特点有很多相似之处。这个时候就要特别注意，我们要看的不是其他公司的产品，而是应该把关注点放在自己整体的产品结构上。事实上，很多公司在被外部激烈的竞争吸引后往往忘记了自己的核心优势。

产品的特点是根据公司自身的产品结构决定的，并不是从单一的一个产品中找特点，因为这样不仅很难找出来，并且没有办法形成完整的产品架构体系。如果要对比产品特点，可以将自身产品结构中的产品与竞品的产品结构对标，这样很容易发现产品结构是否完善。一般来说，产品结构越是完善，产品的特点就会越突出。

另外，在突出产品特点的时候，一定要抓住重点。一句话即可，少的甚至可以几个字，越简单越直接就越好。最好的就是通过这一句话可以让消费者完全知道这个产品和其他产品的差别，即不用看其他要素，就大概可以知道这个产品的方向。有时候无法抓住重点，就没有办法突出产品的特征，更没有办法很好地营销。重点最好是一个，最多两个，不要超过三个，找到最重要的那个特点即可。

（三）首付比例

首付比例是产品要素中的主要风险项，底线是要避免零首付或者负首付的情况发生。据行业历史风险数据统计，首付比例越低，可融项目越多，可融项目比例越大，风险越高。与融资额度及比例强关联，一般会增加首付比例测算环节（后文会详细提及）。

目前市场上很多公司为了快速拓展业务规模或者在急于寻求业务量的情况下，很容易放开首付比例这个风险口子，但是千万不可因为市场上有这样的公司存在就进行模仿，因为每个公司的风控系统与战略都不同。例如，有的公司使用宽松的政策吸引优质客户，但是在审批端或者通过互联网风控技术严格地控制风险；也有公司通过极低的资金成本来覆盖风险损失，因为低的资金吸引着更优质的客户，而对优质客户放开风险口子，在一定范围和手段下，其风险是可控的。

但是随着风控技术升级以及客户消费观念及需求变化，未来的产品肯定会存在往零首付发展的趋势，但是一定不是对所有人，而是针对特定的优质客户，即给更优质的客户更低的首付比例。这就像航空公司针对头等舱客户和商务舱客户提供不同的服务和价格一样，我们每个人在未来都能享受自己个性化的定制产品。

（四）车辆类型（可具体到车型）

车辆类型根据每个公司不同的业务重点可分为大类，例如新车、二手车、LCV、卡车等，而单个的产品可以涉及具体车型（主机厂金融贴息产品都对应车型）。

新车、二手车比较容易理解，但是在 LCV、卡车之类的分类上，很多公司的差异比较大——有的是直接归属一大类卡车，有的进行了详细区分，有的限定只做几种车型，有的不做卡车，有的则只做卡车，这时我们可以看大类，一般分为乘用车、商用车，这是可以直接通过车型进行区分的。其中卡车会在设定的时候限定吨位数、车长、总质量等以限制重型卡车和特种卡车等类型的车型。

车型的划分与每个公司运用的车型数据库相关联，不同的车型数据库的分类方式和车型的完整程度不同，所以需要根据公司的自身业务情况等进行车型划分。其关键在于一定要让公司非销售部门的人员和销售人员等对所有的车型划分保持一致，也就是每个公司的人对车型的划分都是清楚的并且理解是相同的。

（五）融资期限

汽车分期类产品的一般融资期限从 12 ~ 60 期不等，整体市场平均额度以 36 期为主。抵押类产品特别是质押类产品则以短期为主，即 1 ~ 3 个月。直租类产品则以 1 ~ 3 年为主。厂家金融可延期，或展期，或车辆置换。三年期普遍受欢迎的原因是月供金额较低，并且在车辆的更换年限范围内。据数据统计，中国的平均车龄在 3 ~ 4 年。融资期限的长短跟还款方式强关联（后文会详细介绍）。

（六）融资额度

融资额度即贷款金额，包含了车辆融资额和所有可融项目（可融的情况）。很多银行类的产品只能按照车辆指导价算融资额度。所有可融项目范围也很广，还分新车、二手车，一般包含了购置税（新车）、保险、GPS、意外险、精品、可加融费用项（例如市场上费用类别称之为账户管理费、平台服务费等）。融资额度的要求一定是大于放款金额的，并且小于车辆总价（车辆指导价）。

融资额度跟客户资质强关联。由于银行针对客户的要求最高，相对能给到的额度也是最高的。但是银行之间还是会有差异，一般银行的额度最高可以给到 200 万，其中不同的银行会按照例如 30 万或者 50 万以上要求家访等严格的方式控制融资额度。汽车金融公司则会根据品牌和车型，给客户不同的额度，但是对客户的资质要求会比银行稍低，特别是针对企业主的要求会比银行更加宽松。融资租赁公司的融资额度一般在 10 万元左右，整体贷款车辆有新车、二手车，其中新车额度一般在 10 万~15 万元，二手车 7 万~8 万元，所以整车的融资金额不高，客户资质也不是很优质（根据各公司的风控、客群要求不同会有差异）。目前很多公司为了增加竞争优势，在拓展业务渠道占领新市场时会采用调高车辆融资额度的方式，有的将车辆融资额度调高到 30 万元秒批，更甚者调到 50 万元秒批。这样的宣传方式会特别吸引骗贷团伙，所以在没有特殊风险防范的情况下并不推荐。

总体来说，融资额度的多少还是跟客户的资质关联最强，参考的标准包括客户的征信情况、还款习惯、第三方数据、收入水平、房产情况等。

（七）还款方式

汽车金融常见的还款方式包括等额本息、等额本金、先息后本、一次性还本付息、弹性还款等，其中以等额本息最常见。汽车金融也有很多产品都是弹性还款的，车辆抵押类贷款中就存在很多先息后本和一次性还本付息的付费方式。还款方式也与贷款期限密切相关。一般而言，期限较长的产品采取等额本息的还款方式较多，相对短期的产品则可能采用先息后本的方式还款，或者采用更灵活的按日计息等方式还款。图 2-5 可以说明融资期限与还款方式之间的大概关系：

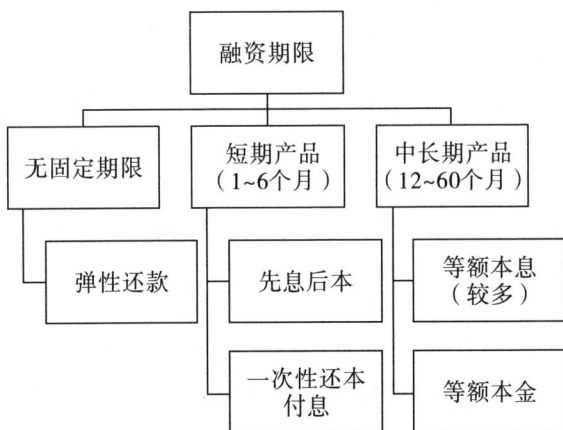

图 2-5　融资期限与还款方式

（八）获客渠道

目前汽车金融的获客渠道可分为线上和线下两大类。线下渠道包括4S店、二级经销商、二手车行、直营门店等消费场景，一般有专业的销售人员或服务人员进行营销，然后客户提交申请，后台人员录入系统，再由后台人员进行审批。线上渠道包含网站、App、微信等多种服务入口，可以直接通过以上方式完成个人身份验证和申请贷款产品全流程。

一般银行、汽车金融公司对客户资质要求较高，需要面签，会更注重线下针对客户的真实性、资料完整性和整体资质进行评估，但由于目前互联网技术的发展，可以通过线上实名认证、人脸识别技术验证客户身份，同时还有审批、风控等采用大数据技术手段实现秒批、秒拒等功能，因此很多银行机构也可以实现线上的预授信额度、线上提单、秒批等功能和全审批流程，有的甚至可以在15分钟之内给出审批结果。

（九）利率

影响金融产品最重要的因素就是利率，也就是产品设计人员所说的产品价格。一方面，产品价格与客户资质强关联，也就是利率与风险数据相互影响；另一方面，产品的利率也决定了渠道的利润来源。渠道方会根据利润的大小来安排如何分配客户资源，这也直接决定了产品设计人员拿到的客户的资质好坏，也就是通常所说的客户是一手单、二手单、三手单……的意思。（二、三、四手单是用于统计客户之前经历了几家金融机构或平台被拒了的次数）

影响产品利率最直接的因素就是企业的资金成本和资金渠道。2018年的资金成本整体有所上升，一般公司融资渠道的资金成本在10%以上。银行的资金成本一般是7%左右的水平，而在两三年前银行则只有5%左右，目前市场上基本很难有这样低的利率水平了。汽车金融公司中有外资背景的，其资金成本可以低至5%左右，甚至更低，但是额度一般有限。另外很多汽车金融公司和互联网平台等可以通过ABS获得更低的资金成本，最早的时候发行ABS可以最低到3%左右。目前互联网巨头、科技公司、上市企业都有参与汽车金融领域，有此背景的公司也可以获得较低的利率资金。

所以各机构或平台之间整体的利率水平从高到低分别是：融资租赁公司 > 汽车金融公司 > 互联网公司 > 银行。

另外，汽车金融公司由于常年有厂家支持不定期推出贴息活动，例如零利息和1.99%、2.99%等低息活动，虽然这些活动一般只针对特定的车型，但在这种情况下，其利率水平有的时候是低于银行的。以上说的价格也是需要根据每家公司具体发布的产品价格为指导，例如有的公司会有促销活动或者新产品上市，有的公司会有新渠道开发，针对各个区域的价格进行不同的定价。因此，以上说的是整体的普遍情况。

总的来说，首付比例、贷款期限、还款方式、利率、融资额度五大类是产品的核心要素，其他附加要素就不一一介绍了。在本书第三章中，会针对设计的重点内容进行说明。

产品设计开发

第二章

产品的设计开发对产品起着至关重要的作用，只有让设计开发更完整、更有效率，产品才能脱颖而出。

一、 产品设计原则

不管是金融类产品还是服务，产品的本质在于满足用户的需求，即便用户是小众的，只要能够满足他们，并且使他们愿意为你的产品或者服务买单，那么都可以称之为成功的产品。社会在进步，科技的发展日新月异，人们不再满足于物美价廉的需求，而是希望享受独特且具有品质的生活。更多的年轻人愿意为自己所享受的优质生活和因独特个性产生的服务买单。而这一切的变化，正在说明产品的需求会越来越细，涵盖的范围会越来越广，未来的产品设计不仅仅是单一的功能和技术化的设计，而一定是基于社会的市场变化、人类的心理及行为学、艺术美学等领域的共同结合形成的独特的设计。

（一）唯一性

用户是唯一的。很多企业及创业者、管理人员其实是不清楚自己的用户的。这个现象在目前要快速实现良好现金流的时代更为盛行，行业是好的，进入的时机也是对的，但是目标用户是错误的或模糊的。这样一来，企业从上到下都不知道每天忙碌工作到底是为了谁。若在决策或者做战略规划的时候总是拍一拍脑袋便可，那结果只会是企业自己不了解客户，客户也藏在企业看不见的地方，产品设计人员每天把工作中的老板或者同事看成客户，为了满足他们的需求，可以拼尽全力，但业绩总是不如期望。

所以用户是唯一的，就是为产品设计人员的产品或者服务买单的人群。产品设计人员不可能让身边的每个人喜欢自己，但是一定要让用户对自己满意。产品设计人员没有精力去认真对待每一个人的需求，但是必须了解用户并具体深入到他的生活习惯。设计产品也好，提供服务也好，必须将自己扮演成他的角色，才能真正领悟到他的需要。这话说着容易，但又有多少人可以做到？大多可能受限于自己的环境和实际情况，但是这一点是一有条件就必须要做的。接近用户、了解用户、成为用户，才可能让企业与用户有所连接。不过这只是第一步。

（二）真实的需求

真实的需求往往隐藏于客户或者销售未说出来的话及他们不注重的细节。如果有幸能与客户进行深度访谈或者真实场景的有效沟通，那么接下来的事情可并非那么容易——所有与他对话的问题都需要事先列好，所有的场景都要反复斟酌后才选择，就连眼前的客户也是自己千挑万选后的对象。但是一切才刚开始，自己想知道的问题的答案，他不会轻易说出口，即便他给出的答案清晰又明确，但是在真正出手花钱购买的时候，结果可能与他的回答刚好相反。

人是善变的，这也是人类的有趣所在，但是善变的客户也是让人头痛的。可事实上并不是因为客户善变，只是自己一直停留在表面的问与答，如果能仔细探查小的细节和谈话内容，其实就可以发现端倪。客户在接受访谈时，如果不在他自己最熟悉的环境中，那客户一定是具有很强的防御性的，哪怕给他的奖品确实吸引人。而产品设计人员要做的就是还原场景，消除客户的防御，让他放松，做最真实的反馈，在此过程中，不要刻意引导方向，要针对他的回答进行提问，并且要注意最真实的答案一般不是隐藏在他3秒以外的回答中，而应该就在自己未留意的某个动作、细节或者欲言又止的对话中。

为了知悉客户的真实需求，有太多的理论和方法可以用，这在后面的用户研究章节会重点讲到。但是产品设计人员更应该把这个过程当作挖宝藏——客户的需求就是宝藏，一定需要用心、用脑、用情去挖掘。只有找到了客户的真实需求，才能在此基础上开展下一步工作。

（三）坚持而不固执

你认为的客户需求是大多数人认为的吗？或者是你的老板和上级认同的吗？是你的销售团队或者客服团队认同的吗？

你如何在宝藏未出现之前让你团队的人也认同你的观点，并且支持你进一步开发工作？毕竟你要告诉所有人："嗨，这地下就是宝藏，大家只要帮我一起挖，我们一定可以看到！"你要所有人支持你下一步的设计开发工作，就需要他们的参与，但是大家都没有透视眼可以直接看到地底下的东西。这就需要你自己首先有足够好的眼光（选择的宝藏位置一定要准），其次坚持自己的观点（所有人都反对的时候，你还会坚持吗？）。但在坚持自己观点的同时也要接受其他人不同的意见，再综合大家的意见判定自己的观点是否正确（所有人都反对的时候，需要进一步知道大家都反对的原因，并且要更加认真地倾听这些原因，在收集了所有的信息之后，再做出判断）。所以这非常考验你的韧性与独立思考的能力。但是只要能够确保自己并非固执己见，在收集所有信息后仍有信心坚持自己的意见，那需要你鼓足勇气迈出下一步。

（四）沟通的能力

在笔者看来，产品部门的人一定是跟全公司沟通最多的人。不管是销售、风控、财务、法务还是市场、贷后管理、客服、人力，每一个环节都必不可少，每个部门都必须参与其之后的工作。挖宝藏需要大家的参与，那到了此步骤，即我们已经可以肯定并坚持自己的宝藏位置并确定要开始挖了的时候，就需要大家一起来配合或者主动承担每个角色的工作，但是大家的想法可能没有太大的变化或可能与你不同，那他们为什么要倾力与你一起朝这个目标行动呢？

这时必须用三样法宝来获取他们的信任：专业的态度、充分的论据、沟通的魅力。专业的态度是通过平时的工作能力与习惯累积而成，非一朝一夕就能让人了解；充分的论据是基于对此项目的了解——全局的战略和方案、优劣势分析以及充分的市场调研和数据；沟通的魅力则是最关键的，也是笔者认为的产品设计人员必须具备的最重要的一个品质。

做产品有个大忌，就是简单事情复杂化。所以产品设计沟通中最主要的方式是简单、直接。用最简单的文字让所有人都能明白，而产品设计人员要做的就是详细地了解并描绘出自己未来看到的宝藏和宏图。让所有人了解、明白、激发兴趣、主动探讨、共同讨论/争议、确定方案、执行目标。简单来说，如果到了挖宝藏要说服大家的时候，产品设计人员应该将自己所知道的宝藏具体位置，宝藏内容描述（包含细节、流程）整理成挖宝藏方案让所有人知道并产生共鸣，并需要描绘出宝藏挖成功之后的结果。同时对于其中要面对的问题、难点也不能避讳，要一一提出，并给出两套以上的解决方案供大家讨论。再基于此，站在与其他人不同的角度和位置，做出理解并配合相关部门的动作，让每个人都能明白共同的目标，并认可这样的挖宝藏方案。此时，才是真正地开始了产品的设计。

做好产品，需要用心感受（把自己当作客户），用眼睛观察（看到客户不经意的关键行为），用耳朵倾听（听到客户的真实需求），从而形成自己的产品思维。除此之外，还需要坚韧与灵气。

做好产品最难的地方，在于那些难以用语言描述的东西，所以产品设计人员称之为产品思维。产品思维并非一天可以形成，它需要日复一日的坚持并整合，不断地学习更新，并融入自己的生活习惯中。现在很多线上课程授课讲解产品思维的，往往并不能从根本上改变产品设计人员的思维习惯。这需要自己从内心出发，积累经验，去学习、思考，寻找理论模型或数据进行实践并验证，反复尝试、记录修正等，并不断重复以上行为去形成一套自己的产品思维模式。

二、　产品设计流程

产品设计流程主要是指产品部门在接收到需求之后的一系列工作流程。一般为了确保产品设计流程的顺利进行，可在前期制订产品进度规划表，以便于控制整个产品进度，包括需求产生、市场调研、用户调研、竞品分析、可行性分析及评审、配置测试、上线发布、产品运营、全生命周期管理等。

（一）需求产生

需求大致上可以分为两类：主动需求和被动需求。除此之外，按照需求的紧急程度还可以分为紧急需求和非紧急需求；按照需求的时间长短可分为长期需求和短期需求；按照项目形式是否完成可分为项目需求和日常需求；按照需求的来源可分为内部需求、外部需求、市场需求、客户需求、技术需求、竞品需求等。

通常来说，每个公司的产品负责人都有大量的信息收集来源，此来源不限于公司内部渠道的信息收集，还包含了外部信息。这些信息不仅包括大方向的监管、政策、政治经济走势，也覆盖了整个行业或者产业的技术趋势、市场行情、行业数据，并且还可另外细分到竞品动态、客户画像等。

在实际的操作中，产品负责人需要根据各个公司的具体情况和定位制定专属的信息渠道来源及流程。以笔者以往的经验为例，内部需求一般是由销售端或者市场端（其他部门）提出，也称为被动需求。销售部门或者人员需求通常也是长期需求的重要来源之一。

产品部门也会结合市场的变化及竞品的动向提出需求，称为主动需求。例如很多公司通过外部数据第三方公司或咨询公司合作方等获得行业情报和数据，通过行业会议或会展获得行业人脉和竞争对手的动态。

内部需求的来源主要有三种渠道：一是各大区销售人员（DRM），他们可提出各种需求，例如标准化产品开发、特殊区域化产品开发、产品优化等需求，然后产品部门人员会针对 DRM 提出的产品开发需求制定一套完整的需求收集、分析及产品开发流程，DRM 只需按要求填写《产品需求表》并反馈给产品部即可；二是内部数据，例如在贷后产品运营跟踪时，对滞销、信用风险较高、市场反馈不佳、盈利性较差、出现政策法律等风险的产品提出关停、优化的需求；三是公司高层或其他部门在发现新的产品业态模式或合作机会时，临时提出的产品开发需求，该类产品常具有不同于主营业务的流程及特点，产品开发更灵活。

（二）市场调研

这里的市场调研也包含了行业分析、用户调研、竞品分析。我们可以通过这样的方式深入了解行业动态，掌握竞争对手行业行为，培养市场敏感性。市场调研的目的是在做产品之前验证我们对市场的想法和产品的需求是否符合预期。市场调研可以大到市场环境的调研，也可以细致到单个用户，一般也分为对外、对内两种情况——对外是指对整体市场的调研分析，对内是指对公司战略、项目和资源的分析。此处重点讲对外的部分。一般大的企业都会有情报收集小组或者请第三方咨询公司做专门的针对行业、市场、客群、竞品等领域的详细分析和数据报告。示例如下：

1. 对外（行业）

市场规模——市场规模到底有多大？市场处于的发展阶段如何？（包括细分市场的规模和增长率）

经济趋势——目前政治和经济因素有哪些？发展趋势如何？

政策导向——监管的要求和限制有哪些？政策导向是什么方向？

目标市场——目标市场如何？如何进入才在细分市场中具有优势？

2. 对内（公司）

公司战略及定位——公司整体在市场中处于什么位置？什么阶段？市场占有率多少？未来如何发展？

产品规划——产品整体框架如何？产品目标是什么？整体的规划发展如何？

优势——产品目前的最大优势是什么？突破点和差异化创新点在哪里？

项目投入——项目要投入多少人力、物力、财力？项目的时间和目标是什么？

资源配置——公司提供哪些、拥有哪些额外的支持和资源？如何进行调配？

（三）用户调研

用户调研指针对需求提出的详细信息进行特定环境下的用户分析，包含某个时间、某个地点、某个细分行业客群等所作出的用户的调研和信息收集。用户调研的研究方法非常多，也有很多专业的工具，后文将会详细介绍。示例如下：

目标用户——当前或潜在的用户是哪些人？人口学特征（年龄、性别、职业、收入、家庭等）和心理特征（生活方式、态度、行为习惯等）是什么？

区域分布——目标用户在哪个区域？（全球、全国、国内部分城市或区域）所在区域的环境因素如何？

购买需求——客户在哪种情况下购买产品？购买的原因是什么？

市场占比——目标客户或意向客户在全部客户中占比多少？最终用户的占比是多少？

满意程度——客户对产品的满意程度如何？（满意、不满意、流失、竞品用户）

（四）竞品分析

竞品分析的主要目的是了解竞品情况。通过竞品分析，不仅能知道同品类产品的特点，也可以挖掘新的潜在产品需求点，对后续产品的发展方向更加清晰并制定合理的产品策略。

信息主要来源有竞争对手网站（财报）、新闻媒体、咨询公司、行业平台、促销活动、渠道关系、销售人员、行业协会报告或非正式访谈等。

在竞品分析之前，不需要确定到底哪些是真正的竞争对手，或划分出要持续研究的竞争对手和定期研究的竞争对手。因为渠道的有限性，想要长期稳定地收集竞争对手的全部数据基本上很难实现，但是可以将此关注焦点集中，根据重要程度进行合理的先后排序。例如需要在起始阶段知道以下几点：

哪些是我们真正的竞争对手？（公司战略、规模、业务类型、展业区域等相似的竞争者）

哪些是我们直接的竞争对手？（提供类似种类产品或服务的直接竞争者）

哪些是我们的部分商品或服务竞争者？（部分种类产品或服务的竞争者）

哪些是可以替代我们商品或服务的竞争者？（不需要使用我们的服务就可以满足顾客需求的竞争者）

哪些是可以转化为我们潜在用户的竞争者？（因为客户预算或者整体方案会不选择商品或服务的竞争者）

哪些是拥有了产品之外的资源或优势（品牌）的竞争者？（顾客购买不仅是因为产品，更依赖其所提供的服务或奖励，并对其一系列产品进行购买的竞争者）

我们在区分了以上的竞争者种类并且可以找出答案之后，接下来还需要知道以下几点内容：

市场上主要竞品有哪些？

市场情况如何？

竞品的优势是什么？

竞品与我们的差异在哪里？

与竞品相比我们有什么优势？有什么劣势？

竞争对手新产品发布如何？

竞品的战略有何变化？高层管理人员有何变动？

竞品是否开展新业务类型？

竞品的业务渠道是否调整？

竞品研究的具体过程和方法会在后面章节中详细阐述。

（五）可行性分析及评审

在所有的需求信息及用户研究模块完成之后，就可以进行企业内部的产品评审委员会的评审流程，确定是否需要进行资源分配或走到产品开发的下一个阶段。

如果说之前所有的市场调研工作都是为了确定需求的真实性和验证产品开发目的合理性，那么可行性分析及评审就是对之前市场调研的结果进一步确认并给予下一步产品设计开发的建议或决定。可包含以下内容：

技术难度分析：关键技术、专利状况、设备等供应状况。

企业优势分析：是否有既有客户或市场？是否容易取得资源？（资金、技术等）

市场机会：是否真的有市场机会？产品是否值得做？产品或模式是否优于竞争者？

业务机会：客户购买的关键要素是什么？我们提供的产品有什么样的特性？

预估销售目标。

预估开发成本。

每个模块都是针对项目或新产品开发的可行性进行分析的。如果是特别重要的项目还会单独出具一份可行性分析报告。可以明显地看到，在市场调研完成以后，针对此项目是否可以执行、新产品能否满足顾客需求、是否可以进入开发阶段等类似的问题都有了答案，那为什么还要经过可行性分析及评审呢？原因主要有两点：一是需要进一步确定公司管理层对产品战略、业务方向等的考量，看此项目或产品是否与公司大方向一致；二是需要站在公司各个不同部门的角度考虑项目或产品的可操作性，确认是否能够达到预期的结果。只有确保公司从上到下以及跨部门的主要负责人都对此项目的理解和结果预计一致，才能达到理想的结果。

但是不同的公司其组织架构和企业文化不同，这就导致评审的制度、流程、方式等都不尽相同。一般较常见的评审方式是通过会议加邮件确认的方式进行。具体的流程和方式都是由项目发起人和负责人制定并且针对每一个环节、时间点进行确认。评审的决策方一般为产品评审委员会的主要成员或者董事长、首席执行官（CEO）、核心高管等。如果经过产品评审委员会评审的项目方案不能一次通过，则需要修改项目方案后再进行下一次评审，而如果超过三次都无法通过产品评审委员会的评审，那一般就会放弃此项目，重新确立项目。

产品评审通过后，就会进入以下两个步骤：

1. **立项**

产品评审委员会流程审批完成后，就需要根据产品开发的人员、时间、规模、结果等作出具体的配置和分析，如果是大型的合作类或者是重要性高的项目，则需要确定采用项目制完成开发，做到人员利用最大化，提高整体效率。

此阶段需要确定项目人员、项目计划或方案、赢利模式、项目交付结果等并确立好项目周期（包含项目开始和项目结束时间）。根据以上内容，需要制定严格的项目流程图、项目人员关系图（详细到确定每个环节的责任人）、项目计划时间表和项目进度表。另外，需要针对项目风险进行评估，项目风险可能是由一种或多种因素引起的，虽然是一种不确定的事件或条件，但是一旦发生，就会对项目的进度、成本和质量（完成结果）造成影响。所以，对于特别重大的或者合作方的项目在进行过程中需要增加风险管理，使用各种工具、数据和方法并且确保每个模块的责任人可追溯。重大项目一般还会在立项的时候制订应急使用方案，包括针对成本、时间、人员各方面提前作出风险项的评估，并针对重大的风险进行提示和预案。

在项目进行过程中，必须严格跟进项目进度计划、项目问题日志、项目风险识别、每日结果交付内容和质量评定等。并且在有条件的情况下可以组织站会或者短会的形式，让项目核心成员每个人都对当前的进度、状态、完成情况、遇到的问题信息进行交流并最终达成一致。

2. 开发设计

确立项目之后，下一个阶段就是开发设计的具体工作，包括确定业务目标、业务模式、业务流程、资金成本、定价、测算、风控政策确定、历史产品研究对比等。这需要与各部门确定细节和流程，确立详细的产品方案，出具产品计划书、业务流程图、产品手册（产品介绍）、产品大纲、产品计算器、产品定价表等。

由于之前对开发设计的可行性已经做了评估，并且确定了产品开发设计的方向，所以到了真正开发设计的环节，我们需要做的是按照确定的业务目标、成本、客群、需求等形成新的解决方案。包括以下内容：

清晰的目标陈述：以客户为导向、清晰简明地陈述、避免主观倾向方案、少一点限制或约束

分解问题点或关键点：把复杂的问题分解成简单的子问题，促进并行开发

形成流程图：将复杂的问题分解为简单的问题之后定义它们之间的联系，再将它们组合起来，并用文件记录这些分解过程和假设

方案构思：快速产生多个想法，排除最不可行的，形成文档

回归检查：检查结果、对假设进行检查、检查过程

　　需要注意的是，在开发设计完成且形成相应的产品文档和方案之后，需要将产品结果发给各部门进行确定并告知方案细节，给予各部门确定时间，一般各部门确定没有问题后即可进行下一步测试步骤。有的公司除了各部门确认外还要通过产品评审委员会的重新审批或管理层的审批，才可进行测试步骤。

（六）配置测试

　　到了此阶段，产品已经基本确定了，产品的配置内容主要涉及产品名称、相关车型、利率、期限、各费用项标准等产品要素。由于各企业的系统供应商不同，涉及的系统架构、字段、整体操作、流程都有可能不同。大体上来说，所有的产品应该都有配置权限，并且在产品端进行配置。一般需要在测试环境先配置，测试由 IT 部门和产品部门共同完成，如测试成功，产品部会在生产上配置并进行重载，产品才会正式上线。有些项目涉及线下流程的，需要销售人员一起参与测试的各环节，这个时候需要客户进件之后看操作流程和每个环节的时效性。

　　配置测试不仅可以检验各费用项的准确度，也可以检验流程的简易程度和时效性。企业可以通过这个环节让各部门先熟悉并适应新的产品或流程，知道真正上线之后如何操作，各部门负责哪个环节，如何走到下一步等问题。如果将上线发布比喻成正式演出，那测试就更像是预演。

　　一般来说为了确保配置和测试的准确度和零错误率，通常会采用双人复核制度或者跨部门复核制度。针对配置测试环节的结果最重要的检验标准就是上线发布之后的零错误率。特别是金融类产品涉及的费用项较多，更需要做到零错误率。

（七）上线发布

　　上线前的发布需要各部门的配合才能完成。首先会以会议或者邮件形式通知各部门即将上线的产品，特别是产品部门须与销售部门提前进行沟通并培训相关人员，再与 IT 部门提前约定系统上线的时间，提前用邮件通知，上线发布当日还会协助处理各种临时性的问题。

　　大部分企业在上线前就需要制订运营策略和推广方案。重大的产品发布还需要举办正式的产品发布会。

大部分人认为产品进入上线发布的阶段就意味着产品设计完成了，其实对于产品设计人员来说，产品的上线发布只是一个开始，因为还需要在之后持续关注业务状况、客户的需求是否被满足、竞品的新产品情况，以及后期产品的销量和市场数据等问题，这些都需要在既定的时间完成相应的业务目标。设计的产品是否可以达到预期的效果和销量对产品部门的人来说是一张未知的成绩单。产品设计人员需要针对产品上线后的结果及时调整销售计划和市场营销的方案，也需要开始进行产品运营的工作。一般金融类产品的检验周期为 1~3 个月，之后市场的适应时间已经基本结束。如果这个周期内销量不是特别理想，想在后期有很大幅度的提升就需要针对产品进行调整（发现产品的问题点）或者改变营销策略。

（八）产品运营

产品运营肩负着产品上线后的管理工作，包括业务流程优化、产品数据跟踪、用户画像分析、产品的优化、维护、迭代、关闭等工作。一般分为线上产品运营和线下产品运营。

线上产品和线下产品两个模块对应的产品运营的工作内容有很大的不同。由于金融类产品的运营基本是针对线下产品，也就是传统类产品的运营，因此这部分的运营更多的是数据指标和业务流程（部分企业包括市场活动和营销方案）等。线上的部分运营包括活动运营、用户运营、内容运营等，一般的数据指标是活跃度、留存率、流失率等，传统类金融产品的运营更多的是利润指标、销量指标、客群分布，用户画像等。

产品运营的目的是让产品发挥出更大的价值、实现更多的营收，并且增加更多的用户量。同时，还能通过产品运营发现产品的问题，及时优化或更新。

（九）产品全生命周期管理

产品全生命周期管理（Product Life-Cycle Management，PLM）是指管理产品从需求、规划、设计、生产、经销、运行、使用、维修保养至回收再用处置的全生命周期中的信息与过程。PLM 是一种先进的企业信息化思想，它让人们思考，在激烈的市场竞争中如何用最有效的方式和手段来为企业增加收入和降低成本。产品生命周期为：导入、成长、成熟、衰退。

从技术角度上来说，PLM 是一种对在产品整个生命周期内所有与产品相关的数据进行管理的技术。应包含的模块有：产品架构、数据管理、产品变更管理、产品配置、文档管理、工作流、项目管理、产品协同等。

　　对产品生命周期的规划就是对产品更新速度和节奏的把控。随着市场的竞争日益激烈，对产品更新迭代的速度要求也更快。在产品的不同生命周期阶段，每个产品在整个产品线所起到的作用也不同，所以需要对公司的产品线进行规划并详细查看各产品的生命周期，确保实现新老产品的顺利更新，以把控产品线的整体节奏。（见图3－1）

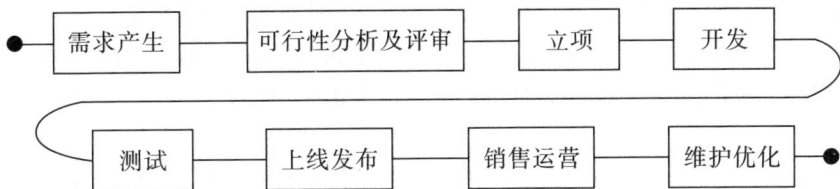

图3－1　完整的产品开发流程

三、　产品规划

　　产品规划包含两个部分，一个是产品结构，另一个是具体的产品开发计划。然而每家企业的战略方向及企业预计规模都是不同的，有的要做大而全，有的要做小而美。所有的产品规划都必须是建立在企业的核心文化和战略上的。首先要保持的是大方向的一致，然后再基于这个方向，进一步明确用户，做产品规划。新的商业模式包含三大类：企业品牌、用户体系、销售模式。品牌给予消费者的是感觉印象和总体概念，而需求决定了消费者的选择。因此品牌在先、产品在后。

　　这里可由大到小，从大的产品结构说起。产品结构是变化的，但是大的框架是不会改变的，会变化的是细节。就好比一棵大树或者一栋房子，根基是不会变的，但是树枝可以修剪、房屋样式可以装修。所以在一开始就要确定基础——企业的核心产品方向是哪种？用户是哪些？所有的结构搭建是在主树干的基础上完成的，因此搭建产品结构的第一步是搭建主树干。找到主树干搭建方向后，再划分产品类别，进而按一定的标准以产品功能、服务或价格为主划分出产品线，然后再以其他形态为次要标准进一步细化。

　　而说到具体产品的开发计划，其执行者就是产品设计部门了。产品也是有生命周期的，在全生命周期的过程中，产品会以起点、上升、登顶、下滑、退市整个过程完成更新迭代。因此有的产品是短期的、临时性的，例如促销产品在开始的时候就设置好了下线的时间，而有的产品是长期存在的，但是会根据市场的变化不停地优化调整。所以产品设计人员需要在进行具体产品设计的时候就对产品有清晰的目标。产品规划的输出件包括产品架构图、产品规划报告（产品计划）、产品组合、长期路线图等，目的是告诉管理层人员未来产品的具体路线和目标，以及为什么要这样做，在不同的阶段做什么样的产品。其中，产品架构图是根据公司业务对产品的体系的划分形成的产品整体结构图。产品规划报告则包含以下内容：

（1）公司愿景（长期目标）：公司对未来的构想。例如，将推出什么样的产品或为市场提供什么样的服务。应突出公司已有或者愿意发展的核心能力。

（2）战略方向：企业文化、核心能力优势和劣势、战略规划。例如公司的理念、管理风格，管理层中哪些人真正具有号召力？哪些人参与产品的开发和规划？新产品开发侧重点在哪里？开发中最重要的新产品是什么？

（3）问题与机会：目标确定、市场定位。包括对市场分析、用户分析、竞品分析、重要趋势等信息的进一步整理分析和深入研究，发现面临的问题和机会，确定产品设计人员的市场定位和目标。这个阶段需要结合销售团队制定的年度业绩以及销售区域等进行预测分析。其中，设定的目标包括目标市场和客户，市场定位需要明确界定细分市场、参与者、产品差异化等。具体而言，定位是产品在客户心中的印象，并且相比竞争对手，为什么客户要选择你的产品？因此产品设计人员需要了解客户对产品及所有竞争产品的重要特性的评分，以便明晰客户认为公司优于竞争对手的原因和核心优势是什么。

（4）产品规划：产品创新、生命周期管理、资源要求、财务数据、支持性文件或者研究性报告等。其中，产品创新须描述产品开发活动、项目的重点内容，包括市场描述、产品发布计划、业绩预估、竞争优势等；生命周期管理须规划产品发展的各阶段（强化、升级、重新发布或退市）的工作计划，预测各产品阶段的市场数据和定位；资源要求是指项目需要的支持，包括人员、时间、资金、技术等；财务数据是根据利润表进行简单的盈利分析以达到既定的目的；支持性文件或者研究性报告可以通过第三方数据支撑整体规划方案的可行性和结果评估。

（5）产品组合：包括现有产品组合、新产品组合、研发组合。目的是更好地平衡产品组合和个别产品、新产品与已有产品之间的关系和需求。一般而言，在产品数量不多的情况下可以进行单个区分，但是在产品数量较多的情况下，只能按照大的类别进行划分。对产品组合的划分可以有几种方式：①按照产品生命周期的阶段划分，可以根据产品目前所处的强化、升级、重新发布、退市阶段等形成产品的分类；②根据产品的用途或者客户群体的不同划分，例如乘用车（新车、二手车）、商用车的划分；③根据产品的销售目标或者利润分布划分，例如设计具体的产品职能，一般产品分为形象产品、主销产品、利润产品、促销产品等职能，所有的产品架构里都可以包含这几类产品的分布，有时形象产品和主销产品是重合的，但形象产品不一定是主销产品。一般职能产品中主销产品不会超过三个。利润产品也以某个产品为侧重点。

以上是针对现有产品组合的划分方式。而新的产品组合分类则需要针对产品开发的目的、时间、资源、是否项目制、成功概率等做评估，根据优先紧急程度进行整体的划分。

研发的产品组合需要针对产品研发的路线图、产品概念、核心用户、数据、预期效果等进行综合评估整合。

产品组合另一个很好的作用是实现风险最小化。由于市场的各种变化和期限难以预测，需要对产品的风险进行有效的管理，而通过提供多样化的产品组合方案，可以找出风险最小、最分散的产品组合形态。例如，如果针对销售量和利润率采用预估的计算方式，则很难预估精确，但是在产品组合中可以通过整合一定比例的低风险产品和高风险产品来把控整体的风险和利润。

（6）长期路线图：长期路线图是把有关开发设计、市场、目标、战略等信息联系在一起的时间安排图表，是对未来可能发生的事情的预测，也是界定行动过程的总体方案。制定长期路线图的过程就是信息编辑的过程（规划），而最终的长期路线图则是产出（规划方案）。

长期路线图是产品负责人推动项目发展的重要工具，它告诉我们每个阶段应该做什么，时间周期是多久。有效的长期路线图并不是一成不变的时间表，而是动态的文档，它会随着项目的变化不断地更新。因此，一般在创建长期路线图的初级阶段，对工作量、优先级、完成时间等的预测不会特别精确，需要根据实际的项目过程不断调整。另外，长期路线图可以针对单一的产品，也可以是一组产品，针对单一产品和一组产品的状态和标准会有所不同。创建长期路线图的具体步骤如下：

①确认产品需求：产品负责人或项目主要责任人须在此阶段确定产品的需求，例如，哪些产品需要改进？需要开发哪些新产品？

②产品需求归类：确定了需求之后，需要对需求进行分类，分类的方

法可以根据业务或产品组合的方式进行分类。分类的主要目的是确定下一步需求的优先级及工作量。

③评估需求工作量（可量化）：针对需求评估每项需求所需要的工作量。一般需要详细到每人每工时，另外，考虑到需求实现的难易程度，应针对每项需求的工作量给予相应的分值，打分人员可以包含整个项目团队的成员或核心成员，一般针对最高分和最低分，打分成员还需要说明原因。如果分歧很大，说明需求理解有偏差，则需要重新细化需求；如果无异议，就可以得出最后的结论。

④产品需求优先级排序：需求优先级是衡量一项需求相对于其他需求的优先程度。它与整体的价值、时间（紧急程度）、工作量强相关（与价值、时间呈正相关，与工作量呈负相关），还需要考虑成本、产品目标等，所以，一般高价值、低工作量的需求具备较高的优先级，低价值、高工作量的需求则具有较低的优先级。优先级也与分值相关联，这里的分值可以根据工作量、时间和价值三个因素进行综合的打分，一般以 1~5 的分值计分，优先级排序为 1 的就是第一需求，一般只允许一个排位第一的需求存在。

⑤确定时间框架：最后一步就是根据之前的优先级的分类进行时间的计划列表。一般这里的时间框架比较粗略，是需要根据项目的进度及时调整的，所以时间只是预估的计划，并不是最终的确定时间。但是针对需要明确交付时间的项目或者短期项目，例如一个月内、三个月内的项目，要尽量给予可完成的时间预估，以便明确交付的时间和启动的时间。

四、 产品上线管理制度

产品的设计流程是根据企业的组织架构，自主定义的开发设计过程中的操作流程。通常来说，会通过产品上线管理办法或管理制度来规定企业各部门参与主体的职责、操作流程、审批流程及权限、时效等，因此，每家企业的流程和操作会根据组织架构的不同而有所区别。在这里，我们主要将整体的上线管理制度或办法的核心内容罗列出来（见图 3-2）。

另外，还有以下补充说明：

（1）须根据公司的组织架构、战略目标和操作流程的复杂程度确定流程和主要责任人。一般在大纲或者总则中会说明此制度的目的和涉及的具体概念的定义。

产
品
上
线
管
理
制
度

总则
- 目的：详细描述管理制度的目的，例如明确各部门职责等
- 定义：涉及制度内容的概念的定义，例如明确促销产品的定义

新产品开发
- 产品需求上报流程：包括形象产品、注销产品、促销产品或指定产品等所有开发产品的需求提报

  需求上报流程主要参与方及决策方式
  - 产品需求上报主要参与方：明确哪些人可以通过哪些方式提出需求
  - 主要参与方具体职责要求：明确参与者应提交需求时能提供的相关报告（例如固定模板的需求文档，需包含对市场、用户、预估销量等所涉及的内容）

- 产品需求审核具体操作流程
  - 产品需求审批者及决策方式：通常有产品部门对此需求进行分析且形成具体的报告，提报产品开发委员及产品决策委员会进行初审和复审
  - 各参与方具体职责要求：明确各参与方主要是产品委员会的具体职责和分工
  - 具体操作时效规定

- 产品上线具体操作流程
  - 各部门职责及主要决策方式：此流程主要针对产品已开发上线环节，一般核心部门为IT部门，需明确产品配置和测试的主体方及复核方
  - 具体操作时效规定

产品优化需求上报流程主要参与者及决策方式
- 产品优化需求上报主要参与者与决策方式：针对现有产品需要优化的需求进行上报流程及主要参与方的规定
- 产品优化需求审批流程时效：针对现有产品的优化所提出需求的审批及主要参与者的职责和流程规定，并严格规定时效

附录
- 产品需求上报流程图
- 产品需求审批流程图
- 产品上线流程图
- 产品上线完整流程图
- 产品优化需求上报审批流程图

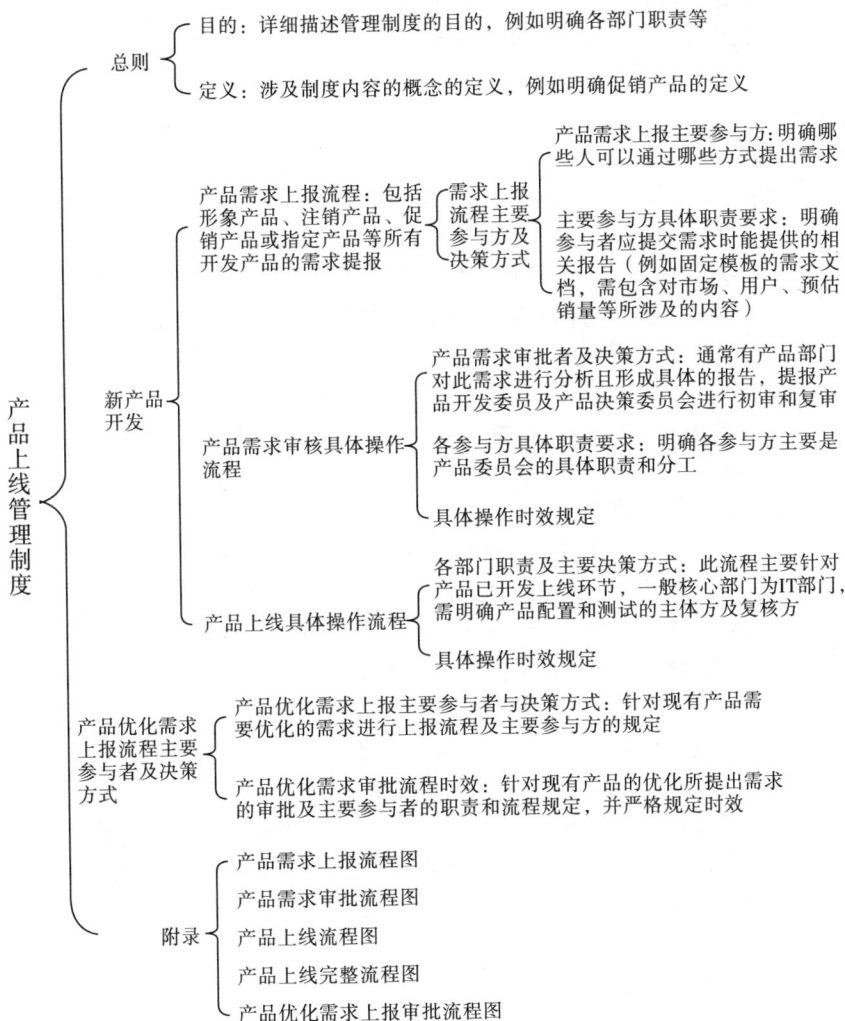

图 3-2 产品上线管理制度

（2）公司的产品类别和产品线不同也会导致产品开发的分类不同，例如根据不同的职能产品如形象产品、主销产品、促销产品等的不同进行流程的定义和划分。一般而言，大类分为新产品的开发和现有产品的优化两大模块。如有需要，可细化到产品职能模块，例如主销产品需求审批及上线流程、促销产品需求审批及上线流程等。

（3）新产品的决策一般是按照阶段评审的流程进行的，需要在产品开发流程中定义具体的阶段及完成时间。

（4）产品开发委员会主要是在产品需求审批初步阶段的周期内负责决策的领导小组。他们有权在此时间周期内对需求方提出的需求进行产品设计的批准或拒绝的指导。

（5）产品审批委员会（Product Approval Committee，PAC）一般指一个企业内负责新产品决策的高层领导小组。他们有权在开发周期内给出相应的资源和项目费用，以推进新产品的开发。

（6）对各个操作流程中的主要参与方需要明确到部门及个人，并且针对审批内容可以规定每个人或部门的责任权限，这样在操作过程中才不会出现责任不详、流程难以走到下一步的尴尬局面。

（7）各环节审批流程中的时效性需要针对不同的阶段、对象、完成的目标给予不同的时间标准，例如，产品需求评审的时间一定是比产品审批委员会审批产品开发的时间短的。

（8）产品需求初审通过后，相关部门应在 3 个工作日内提供相应的参数给产品部。产品部在获取完整产品参数之后，应在 7 个工作日内准备详细的产品提议文档。附录部分应包含所有的流程图以及需求文档、产品设计方案等固定模板文件。这里需要尽可能地让每个阶段评审的流程独立出来，形成子模块流程图。

（9）制定完整的制度后，关键还是在于执行。虽然没有这样一个完整的制度和流程，企业高层领导很难有效地引导新产品的开发，但是只有评审的流程是不够的——职责划分不清楚、定义不清晰、实施流程操作不够具体以及开发流程中各部门无法协调配合等问题，都有可能导致评审无法完成，效率低下，产品的开发工作延后或者不能如期有质量地完成。如需按照制度中的流程顺利执行各开发阶段，就必须在制度设计的过程中，让各主导方或者参与方加入进来，而不是单方面地制定和定义。只有让所有的部门及高层领导认同并有权决策，制度才有执行的可能。

五、 产品开发目的

新产品开发过程，即 3C 开发过程。3C 即概念化（Conceptualization）、创造（Creation）和商品化（Commercialization）。

产品开发的目的是验证开发出来的产品是可定性、可定量的，且可以与目标用户及目标业绩挂钩。这个时候产品开发的意义不再是为了一个概念或者假设条件，而是非常明确地提供商品或服务。开发完成后就是验证的阶段，对于开发质量的唯一评价标准就是到底有多少客户会愿意为此买单。产品设计人员最容易出错的是：按照开发的周期、人力、财力等投入来评定开发的结果或进行预期的评估，但这往往与客户的评判标准和反馈是不同的。

一个产品开发项目必须在预定的时间内达到已设定的目标，才能获准进入下一阶段。产品开发的目的是一开始在产品立项之初就应该确定好的。这样做一方面可以预估产品开发完成后的结果，另一方面可以用于反向的推理和验证（产品上线后的情况）。例如：

此产品只针对这个区域某些特定的客户销售，销量预估大概是多少？
占整个市场容量的比例是多少？
客户可能会面临的竞品是什么？
此产品能确保解决哪些用户的需求？

因此，产品开发的目的必须细化并在开发之前确立。

以下根据以往汽车金融行业的产品开发特点，总结了产品开发目的的五大类（见图 3 - 3）：

（1）期望结果：产品设计人员必须清楚通过产品开发期望得到什么样的结果，包括对利润、销量目标、风控指数的预估和期望。

（2）客户群体：客户群体的特征、信用情况、资质水平、还款能力和习惯等，这些都决定了客户对产品的选择和风险情况。

（3）痛点：客户的痛点也是其需求。我们很多时候面临的行业痛点无法用自身的力量去解决，但是大多数时候客户的需求并不在大的问题上，我们可以通过技术、流程、人力、场景给予解决办法，所以，关键在于发现客户真正的需求在哪里，哪些是客户急于解决且我们可以解决的。

（4）客户地域分布：客户的地域分布对于金融产品是很重要的。一方面，市场的环境不同，竞品的地域分布也会不同；另一方面，我国国情决定了每个民族和地区人们的生活习惯、风土人情、消费理念等相差非常之大。针对不同地区的客户群体有不同的产品、风控政策和解决方案才是产品细致和差异化的根本。

（5）满足需求/解决方案：我们提供什么样的解决方案，决定了客户是否选择我们的产品。但是客户最终会如何选择产品，我们需要考虑到是否真正满足了客户的需求，以及市场中的竞品有哪些、它们的优势和劣势是什么、客户面对这些会如何选择……这些才是设计开发目的的转化和验证。

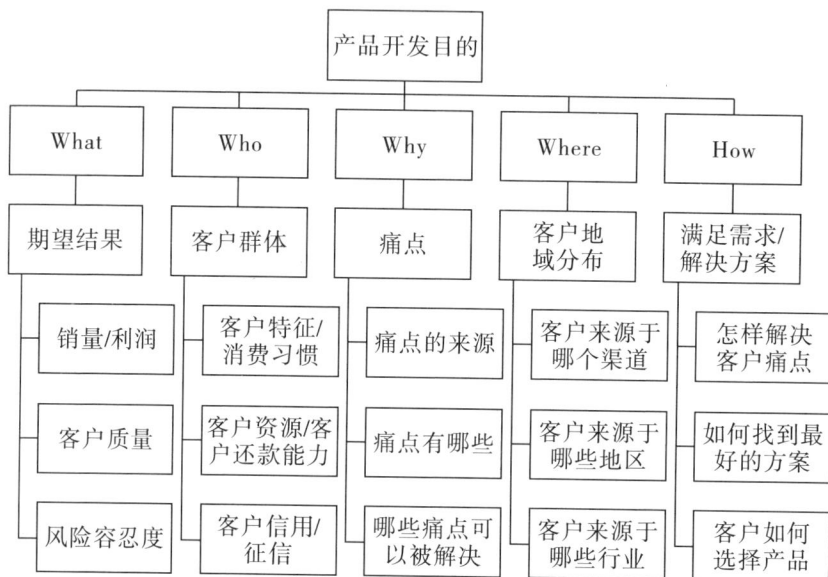

图3-3　产品开发目的

六、 业务模式

汽车金融的主体参与者包括银行、汽车金融公司、融资租赁公司、互联网公司、P2P平台等，但随着汽车金融行业的快速发展，以前银行、汽车金融公司占比较大的业务也逐渐被新兴的融资租赁公司和互联网公司业务替代，特别是在下沉渠道三四线城市以下的乡镇、县级地区等区域，融资租赁公司的占比越来越大。那么融资租赁有哪些业务模式呢？

融资租赁的概念起源于美国，其在中国的发展也是根据美国的市场模式起步的，但是由于涉及的深度以及规范的指导制度问题，国内花了近20年的时间进行探索和调整，才逐步完善交易规则、会计准则、行业监管和税收政策。

汽车融资租赁主要分为汽车融资租赁中的直租和售后回租两种模式。直租也可以叫作正租，售后回租也可以叫作反租（严格意义上的叫法是，直租与反租相对应，售后回租与正租相对应）。另外需要说明的是，一般我们提到的经营租赁是融资租赁交易的一种会计处理方式。目前国内经营租赁的税收按照 16% 税点征收（2018 年以前是 17%）。比融资租赁小规模纳税人（3%）税点高出许多。

（一）正租

正租即直租，是美国会计准则第 13 章规定的一种出租人资本租赁的概念。

我国通常会叫正租或者直租，是直接融资租赁的简称，是指由三方（出租人、承租人、供货人）参与，由两个合同（融资租赁合同和购买合同）构成的最基本的融资租赁（见图 3 - 4）。具体而言，就是融资租赁公司根据客户要求向经销商直接购买车辆，再将车辆出租给客户。车辆所有权归融资租赁公司所有，车辆使用权归客户所有。

直租的利润链更长，可包含租金、保险、集采折扣、残值折旧、车辆处置等环节，很多汽车交易的闭环和衍生的开发都可产生利润。但是与此同时，直租的业务流程也较售后回租更复杂，整个业务成本及管理难度更大。

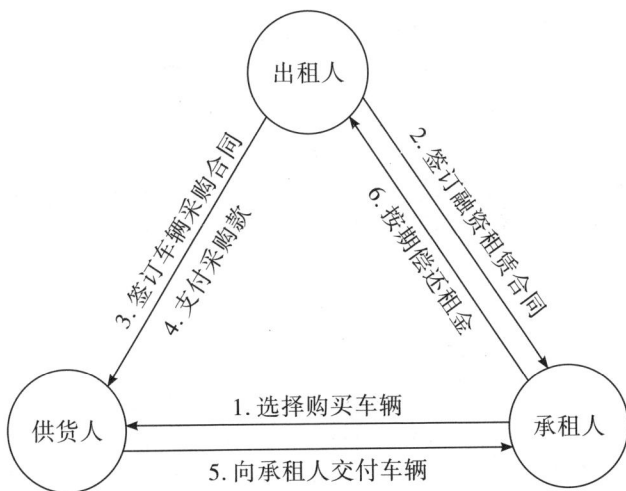

图 3 - 4　正租交易流程

（二）售后回租

售后回租简称回租，也称为反租，是指物件的实际所有权人将物件通过购买合同售让给融资租赁公司，然后与融资租赁公司签订融资租赁合同，按约定的条件，以按期交付租金的方式使用该物件，直到还完租金重新取得该物件的所有权。[①]

简单来说，卖车人和承租人是同一个人，有资金需求的客户将自己车辆的所有权转卖给融资租赁公司，融资租赁公司与客户签订融资租赁合同，并获得车辆的所有权，而客户获得资金，同时融资租赁公司把车辆租给客户使用，客户每月付租金，保留了车辆使用权。租赁期满，车辆所有权转回承租人。

售后回租的主要目的是解决承租人的自有资金不足问题。承租人将承担所有的使用契约成本（维修费、保险、税金等）。

目前，大部分的业务都是售后回租的方式。由于售后回租本质也是一种资金的融通方式，所以售后回租的产品设计更加简单。

（三）以租代购

以租代购严格意义上是一种直租方式。从业务上来说它是将客户长租车辆与二手车处置打包为一体的汽车消费形式。客户长租车辆须按月支付租金，到期融资租赁公司将车辆所有权过户给客户。目前国内的以租代购方式几乎都是我们通常所说的"1＋3"模式，即租车一年后，用户可以选择续租、转售后回租或者支付尾款将车辆买下，获得实际的所有权。

所以租赁的属性其实是把车辆所有权和使用权分开，而以租代购，从本质上来说，一方面是让客户暂时放弃所有权，得到使用权，并且给予客户一年的犹豫期，考虑是否要重新获得所有权。这种方式不仅仅解决了资金需求的问题，而且实现了金融和租赁的属性相结合。另一方面，如果直租是按经营性租赁的税点征收，那以租代购就是按照融资租赁的税点征收，二者是不同的。因此以租代购在业务上可以实现经营性租赁的特点，但是在税务上可以避免按经营性租赁征收。

以租代购的优势主要有以下四点：一是降低了汽车消费门槛，因为客户可以用极低的首付款获得车辆使用权。市场上很多"0～1成首付，车辆

---

① 姜仲勤：《融资租赁在中国：问题与解答》（第4版），北京：当代中国出版社，2016年，第67页。

即可开回家"的产品及广告随处可见。首付低、月供低，是大部分客户选择以租代购的理由。二是客户具有选择权和更长的犹豫期。以"1+3"模式为例，客户拥有了一年的犹豫期，一年之后决定是否想拥有车辆的所有权，如果不想还可以选择续租或者转售后回租的模式。从产品上也说成"先租后买"的模式，培养客户的用车习惯。三是缩短了车辆更换年限，增加了高频次的换车习惯。目前大部分客户的换车年限是 3~4 年，但是以租代购的模式可以将换车年限缩短为 1 年，也就是说，客户会随着对汽车消费和习惯的转变，倾向更频繁地换车。四是费用透明，利润可观。从客户角度看，所有的购置车辆以外的费用，如购置税、保险等都在首付和月供里体现，不额外收取。从公司角度看，以租代购模式形成了闭环的交易，除了车辆还增加了服务、集采、车辆折旧、二手车处置等额外利润点，实现利润最大化。以租代购与银行贷款的优势对比见表 3-1。

表 3-1 以租代购与银行贷款的优势对比

	以租代购	银行贷款
所有权	租期满后，车辆的所有权会按约定转移到客户名下	车辆产权在客户名下，但必须要有领牌指标
首付额度	车价 0 首付，低月供	首付比例是裸车价的 30% 以上
审批手续、材料	客户需提供身份证、驾驶证、收入证明、住址证明、近半年银行流水，不看征信、不看负债	客户须提供身份证、户口本、婚姻证明、居住证明（暂住证），并且征信必须良好，以负债参考还款能力，对客户收入有一定要求
审批时间	最快当天可提车	3~5 个工作日（不算面签及放款时间）
服务	提供汽车购买、缴税、投保、上牌等一条龙服务，省去了个人在购车上的烦琐手续	汽车购买、缴税、投保、上牌等烦琐手续都需要个人亲力亲为，也会增大购车后的管车负担

虽然以租代购有以上的优势，但是必须注意的是，从整体的费用来看，以租代购的花费并不低。因为它不仅包含了车辆的费用、使用成本，还有车辆折旧费用（按每期计算）。所以，从产品设计上来说，必须将折旧按每期计入月供，才能得到合理的月供价格。

还有一个现象值得关注，很多以"1+3"以租代购业务为主的公司在一年的试用期到期之后，关闭了客户犹豫期后的退车选择或者增加了首付比例或保证金金额。这一现象说明，以租代购在实际的业务操作中，其利润与定价的关系并没有找到合适的平衡点，特别是首付比例、月供的既定规则可能会导致最终能实现的利润不太理想。此外，客户的质量也不如预期，可能存在部分误读客户的现象，也就是说很多客户并无经济能力购买或还款压力过大，这些客户的心理是通过低首付、低月供降低整体成本，但是实际支付费用并没有降低，导致客户选择超前消费，但是又没有可持续的还款能力，最后这部分交易只能以逾期或者坏账告终，所以行业内称此现象为"非潜在目标客户转化为实际成交客户"。

从以上情况可以看到，以租代购在国内还需要 3~5 年的时间进行调整和发展才能真正迎来更大的市场。

（四）汽车贷款

汽车贷款就是我们所说的"车贷"，是指贷款人向申请购买汽车的借款人发放的贷款，也称为"消费贷款"或"按揭贷款"，是现代汽车购买方式中最主要的一种消费形式。汽车贷款包括个人汽车贷款、经销商汽车贷款和机构汽车贷款三种形式，车辆种类也包括自用车、商用车、二手车等多种类型。通过银行、汽车金融公司办理的大部分业务都归属此类，也是汽车金融最早的业务开端形式。

起初由于汽车贷款的流程、手续相对较复杂、时间周期较长、针对客户的要求较高，特别是征信比较严格等原因，融资租赁公司等平台才针对资质较银行和汽车金融公司客户群差的客户提供更便捷、简单的服务，以获取市场份额。

银行、汽车金融公司在一线城市的占比居高不下，一直处于垄断地位，客户群体的优势更显而易见。随着科技的发展和进步，银行和汽车金融公司目前的流程、手续和时效都得以改善，做得好的银行可以实现更高额度、更快审批（最快半小时出结果）的服务。所以目前各平台的区分更多还是在客户资质上，最优质的客户永远是银行和汽车金融公司的目标。

值得一提的是，汽车消费贷款一般的场景是在 4S 店或二手车行，它是客户在汽车消费环节中的一个选择，因此是在购买车辆时候的行为，这是与汽车抵押贷款最大的差别之一。

（五）汽车抵押贷款

汽车抵押贷款是以借款人的汽车作为抵押物向金融机构或者汽车消费贷款公司取得的贷款，主要目的是快速资金周转。它最大的特点是借款人已经购买车辆，是其在购买车辆之后的贷款行为。汽车抵押贷款在业务上一般分为抵押和质押。抵押车辆可以由借款人继续使用，质押车辆必须放在机构的专用停车场，借款人只有赎回后才可以使用。

目前大多数涉及车抵贷业务的是 P2P 平台，一般采用线上发标融资和线下借款审核的形式（O2O），融合线上线下业务模式运作。小额分散、标准化、流动性强都是汽车抵押贷款成为优质资产的重要标志。（见图 3-5）

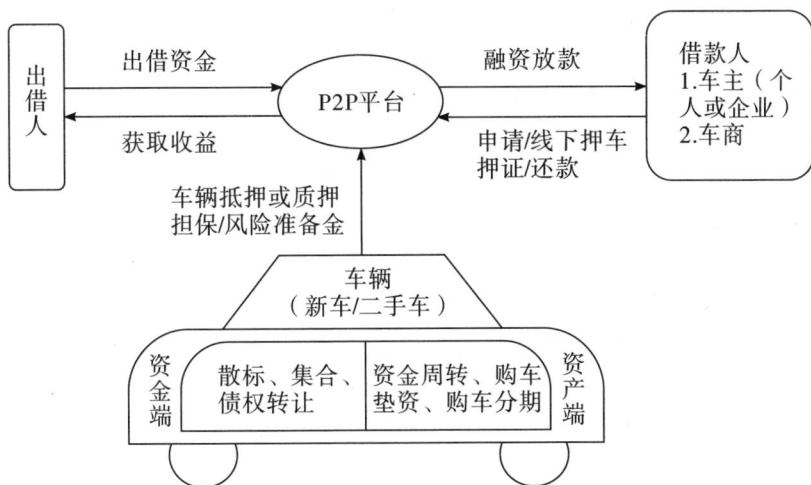

图 3-5　P2P 平台车抵贷产品业务模式

资料来源：盈灿咨询

P2P 平台目前涉及的汽车抵押贷款业务包含了新车、二手车等车辆类型，以车辆为核心，依靠大量线下分公司人员进行现场尽职调查（简称尽调）和贷后催收。开展业务也以本地化为主，需要线下审核的平台在涉及业务地区设置总部或分公司，一般分为加盟或者直营的模式。加盟模式还分为业务加盟和平台加盟。业务加盟主要是以借款人、出借人为核心，将P2P 平台和加盟商连接，总部控制业务对接；平台加盟就是各个加盟商进行地域划分，独立操作后台，各地区可在自己的平台上开展业务。直营模式一般由总公司在各个业务地区开设分公司，总部统一管理业务流程和扩张模式，但是在管理上，前期须投入大量的人力、物力，各个地区的差异化比较明显，也会涉及人员操作风险和道德风险的问题。一般 P2P 平台的 O2O 模式都是开展直营业务模式进行业务拓展，线下风控团队在分店也会设置人员，独立管理。

1. 质押

质押在业内通俗的说法是"押车"，也称为"死押"，即借款人为了申请借款将机动车交付给出借人，同时约定如果借款人到期不还钱的话，出借人有权对车辆进行处置。这要求借款人根据车辆日常使用情况来做选择，如果车辆使用频次较低、需求较小、借款周期短，仅仅为了急于筹措资金可以选择利息较低的质押方式。

车辆质押需要以书面方式订立质押合同。合同必须要包含被担保债权的种类和数额，债务人履行债务的期限，质押财产的名称、数量、质量、状况，担保的范围，质押财产交付的时间等内容。

借贷机构需要自行或委托第三方保管或存放相应车辆，一般需要 24 小时派人看管，防止车辆发生意外。在办理车辆质押手续时，借贷机构一般需要将机动车登记证、行驶证、购置附加税证（本）、购车原始发票或二手发票扣押。一旦发生逾期的情况，出借人会及时处置车辆。

此外，质押业务也存在以下风险：

风险一：由于车辆质押权的设立没有办理登记手续，所以存在车辆质押后再次抵押给他人的风险。而法律上规定在质押权和抵押权同时存在的情况下，一般会认定抵押权优于质押权，因此现实中要打赢这场官司并不容易，时间和精力也消耗不起。

风险二：对于质押车辆，如果借贷机构仅仅控制了车辆实体，未能控制车辆所有权证或行驶证等证件，会面临借款人将车辆卖给第三人的风险。

风险三：面临借款人因背负其他债务导致该车辆被查封的风险。

风险四：由于质押车辆未在车辆管理所登记，很难确认车辆本身是否盗抢车或黑车，信息查询不全会导致面临法律风险，严重的则涉嫌协助销赃等违法犯罪。

风险五：若被抵押车辆已经登记其他人的名字，办理车辆质押机构未进行查询，则会导致车辆实际所有权人与登记的所有权人不一致的风险。对于这种情况，应当要求借款人提供购车发票等取得所有权的依据，并可以要求借款人办理完登记手续后，再签订质押合同。

2. 抵押

如果借款人日常对车辆使用频次较高，或者是刚需，建议选择抵押方式，不影响对车辆的使用。抵押俗称"活押"，需要到车辆管理所办理相应的抵押登记手续，抵押权人即享有优先受偿权。

车辆抵押需要以书面方式订立抵押合同，抵押合同一般包括被担保债权的种类和数额，债务人履行债务的期限，抵押财产的名称、数量、质量、状况、所在地、所有权归属或者使用权归属，担保的范围等内容。

设立车辆抵押，除了签订书面的抵押合同，去相应部门的车辆管理所进行登记是必要条件。登记的过程既可保障抵押权效力，也可验明该车是否存在重复抵押或者被查封等情况。登记后车辆的所有权并没有发生转移，登记只是一定程度上对抵押人进行权利限制。

此外，抵押业务也存在以下风险：

风险一：车主身份虚假、事故车、套牌车、租赁车辆、查封车，此类客户多以各种理由（如经常选择傍晚、周末来申请贷款，借口是车辆管理所下班、急用钱）不去车辆管理所申请抵押登记。

风险二：信用管理体系和信用评估技术本身不够科学，信用管理维度缺失、不合理，车辆价值和车主信用状况、工作及经营状态、家庭稳定性、负债状况、有无恶习等核心信用管理维度没有落实到位。

风险三：很多公司没有独立的风控线，只有部分业务人员参与风控流程，风控流程执行不到位等很容易产生操作风险，如车辆价值评估失误、GPS 安装不合格、备用钥匙遗漏、保险过期等。更有甚者审批人员明知该类客户风险较大，依然选择放款。

风险四：很多公司对借款人同行负债评估不重视，导致放款给了一些处于非理性过度负债状态的高危客户，这类借款人很可能把车辆二次抵押给不正规的公司，最后甚至被当成黑车倒卖，造成人车两空的风险。这一点因为具有普遍性，所以在这里单独强调。

风险五：很多公司的贷后管理没有采用业务系统进行数据化管理，执行力欠缺，追车不果断。其实客户在出现系统性风险之前是有一定痕迹可查的，如利息支付拖沓、车辆轨迹反常、经常关机等。

再来看以下几组数据：

据网贷之家不完全数据统计，截至 2018 年 4 月初，涉及车贷业务的 P2P 平台，在运营的只剩 859 家，51% 的 P2P 平台倒闭。2018 年 4 月 26 日，为了规范互联网金融逾期债务催收行为，保护各方合法权益，中国互联网金融协会下发《互联网金融逾期债务催收自律公约（试行）》。5 月 4

日，银保监会等四部委联合发布《关于规范民间借贷行为维护经济金融秩序有关事项的通知》，严禁暴力催收。而自2018年初全国范围开展的"扫黑除恶"专项行动，也对车贷平台催收起到了规范作用。"扫黑除恶"已在广东、江西、河南、湖南、山西等多省相继展开，针对借贷领域的打击重点包括套路贷、校园贷、车辆二押贷款、暴力讨债等违法犯罪行为。这种现象在2016年8月24日《网络借贷信息中介机构业务活动管理暂行办法》明确网贷借款限额规定后，更为突出。

七、 市场调研

市场调研是运用科学的方法，有目的、有计划地收集、整理、分析有关供求、资源的各种情报、信息、资料，把握供求现状和发展趋势，为制定营销策略和企业决策提供正确依据的信息管理活动。市场调研是市场调查与市场研究的统称，它是个人或组织根据特定的决策问题而系统地设计、搜集、记录、整理、分析及研究市场各类信息资料、报告调研结果的工作过程。市场调研是市场预测和经营决策过程中必不可少的组成部分，包括定量研究、定性研究、零售研究、媒介和广告研究、商业和工业研究、对少数民族和特殊群体的研究、民意调查以及桌面研究等。近年来，伴随着互联网的发展和新技术的应用，市场调研往往借助专业在线调查来收集信息、处理数据。

（一）市场调研的内容

市场调研的内容有很多，有针对市场大环境的调研，包括政治环境、经济环境、政策法规等；有针对市场基本状况的调研，包括市场总量、市场动向、市场占有率等；有针对用户的调查，包括现有和潜在的用户人数、需求量等；还有市场的需求变化趋势、竞争对手的状况、可销售渠道、产品价格等。总的来说，市场调研的内容范围非常广泛，分类方法也有很多种，例如，根据研究领域、方法属性、客户群体等都有不同的分类。

根据研究领域大致上可以将市场调研分为几个大类：

（1）目标市场。主要是针对产品的市场规模进行调研。目标市场有多大？政策如何？赢利模式如何？市场利润如何？

（2）目标客户群。主要是针对产品的目标用户，以及用户所处的市场地位进行研究。目标客户群是谁？（区域、层级、类别）目标客户群的购买原因是什么？（价格或其他）目标客户群还有哪些需求未能满足？

（3）主要竞争者。主要是针对产品的竞争环境和态势进行调研。目标竞争者有哪些？竞争者的优势有哪些？自身有哪些优势不可替代？竞争的趋势如何？

（4）市场售价。主要是针对产品的定价进行的探讨。市场的平均售价如何？自己预估的售价是多少？定价是基于什么原因？

（5）目标成本。主要是针对产品的成本和利润进行的调研。自己预估的成本有哪些？哪些成本是可以直接影响利润的？市场的平均成本项有哪些？

（6）差异化。主要针对自己的产品在市场中的定位进行的调研。自己的产品和竞品的最大差异是什么？自己的价值在哪里？目标客户的群体在市场中处于什么样的位置（阶层）？

（二）市场调研的方法

（1）文案调研：主要分为线上和线下两个部分，如网上及图书馆的资料搜集等。通常来说都是二手资料的收集和分析。

（2）实地调研：

①询问法。这是将所要调查的内容通过当面、书面或电话方式，向被调查者提出询问以收集资料的方法，也是市场调研中最常见的方法。包括深度访谈、座谈会、在线访问、问卷调查（电话访问、邮寄调查、入户访问、街头拦访）等。面谈调查可以直接听取受访者意见，还能观察受访者的行为和态度，灵活性高，但是成本也较高；电话调查的速度快，成本低，但是必须有用户的联系方式并能顺利沟通，因此整体的达成率不高；邮寄调查速度快，成本比电话调查高，但是回收率低，时间周期也长。

②观察法。这是系统地对被调查者的行为、言辞、表情进行观察并记录，以此获取信息的一种调研方法。可分为直接观察和仪器观察。

③实验法。一般用于新产品的营销或者试销。这是在一定条件下进行实际的、小规模的营销活动的实验来调查关于某一产品或营销的执行效果等市场信息的方法。包括产品的质量、外观、品质、价格、广告、渠道等。

（3）特殊调研。特殊调研有固定的样本、调查组等可以进行持续性的调查，也包括投影法等针对购买动机的调查形式。

（4）竞争对手调研。这是专门针对竞争对手状况进行的调研，获取方式是通过所有可以获得信息的来源，包括但不限于竞品的渠道、营销策略、财务状况、战略、价格等。

（三）市场调研的流程

市场调研的流程根据调研的目的和采用的方式不同会有所区别，可将所有的细节流程归为以下三大类：

（1）信息收集。信息收集是对市场信息材料的采集，采集的资料必须具备真实性和有效性。由于市场信息非常庞大，可通过深入调研法进行针对性的研究。但需要在此之前确认调研计划，包括确定调研的必要性，明确调研的目的和调研方式等，再具体到执行的步骤，以及调研时间、人员、费用、对象等。

（2）调研分析。根据收集的调研资料进行汇总和分析。

（3）调研报告。根据调研分析的结论写出调研报告，提出具体的看法和观点。调研报告是通过调研资料对调研实效价值的具体体现。

用户研究

第四章

一、 用户研究的内容

1. 用户研究的定义和功能

用户研究可以发现用户的需求、偏好、动机和行为模式，提炼有价值的数据观点转化为产品创新和设计改进。从产品开发的各个职能来看，都有需要解决的用户相关的问题，也就是用户研究可以参与的地方。如表4-1所示，用户研究能在产品各阶段帮助产品设计人员回答用户相关问题。

表4-1　用户研究可解决的问题

用户研究	产品阶段	用户相关问题
需求分析	客群分类 定义核心功能 定义业务流程	用户是谁？行为如何？ 对目前的产品或构想抱怎样的观点和态度？ 使用产品或服务出于什么样的动机和目的，想获得怎样的情感体验？ 用户为何选择竞争对手的产品，出于怎样的动机和需求？
业务流程实现	线上：交互、视觉设计 线下：整体流程支撑	用户完成任务的认知模式和操作流程是什么？ 用户现有的解决方案是什么？现有解决方案存在哪些问题和困扰？
营销推广	品牌传达 特定客群的精准推送	向哪些人推送更可能实现商业价值？ 目标用户偏好的内容、视觉风格是什么？ 精准推送系统中，对用户行为有预测力的标签是哪些（如何将预测用户行为的指标分解成可量化可采集的数据）？ 哪些推广渠道更有效？
效果评估	用户体验评估 新版本迭代	用户满意度如何？

2. 用户研究基本原则

（1）以用户使用产品的目标和动机、过去/现在/未来的行为区分用户，相比人口学要素，这些要素能更直接地区分出用户需求的不同。

（2）用户研究的最终目标是协助产品或业务落地。因此在实际工作中，最重要的是：①熟悉业务、了解业务，寻找关键指标；②根据产品团队现阶段的目标和需求，合理设计用户调研内容和选取不同的调研方法。

3. 用户研究的流程

用户研究包括从沟通确认需求到分析数据、产出报告的全流程，具体如图4-1所示：

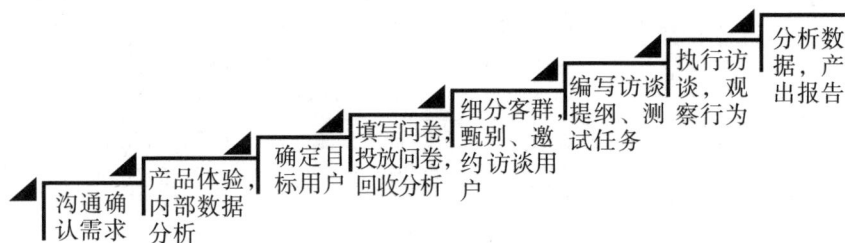

图4-1 用户研究整体流程

二、 定性研究和定量研究

用户研究有各种各样的方式，最重要的是选择与产品、客户相匹配的方式。定性研究和定量研究在概念、理论支持、特性上都有非常大的差异（见表4-2），主要是要求产品设计人员使用合适的研究方法得出研究结果，并针对研究结果进行有效的分析，因为所有的研究方法的目的都是验证假设，找出产品的设计方向和目的。事实上，很多时候客户研究会同时综合定性和定量研究的一些方面。需要指出的一点是，即使做概率性研究，也不可能保证完全真实地反映现实，就如同没有完美的问卷之说是一样的道理。

表 4 - 2　定性研究与定量研究的区别

概念不同	定性研究	指研究者运用文献研究、历史回顾、访谈调查、参与式观察等方法获得以文字为主的资料，并用非量化的手段对研究对象的性质进行描述、分析、推理，从而得出结论的研究类型
	定量研究	指研究者运用实验手段、问卷调查、文献研究等获得以数字型为主的资料，并用量化的手段对研究对象及其成因进行描述、分析和推理，从而得出诸如因果关系、相关关系或预测模型的研究类型
理论不同	定性研究	以逻辑学、历史学、人种学等为基础
	定量研究	以概率论、社会统计学等为基础
特性不同	定性研究	在研究目标上，重视对意义的理解；在研究对象上，强调主观的意向性；在研究方法上，注重解释建构
	定量研究	在研究目标上，重视预测控制；在研究对象上，强调事实的客观实在性；在研究方法上，注重经验证实

用户研究维度划分成两个坐标轴，分别是定性和定量、行为和态度，如图 4 - 2 所示：

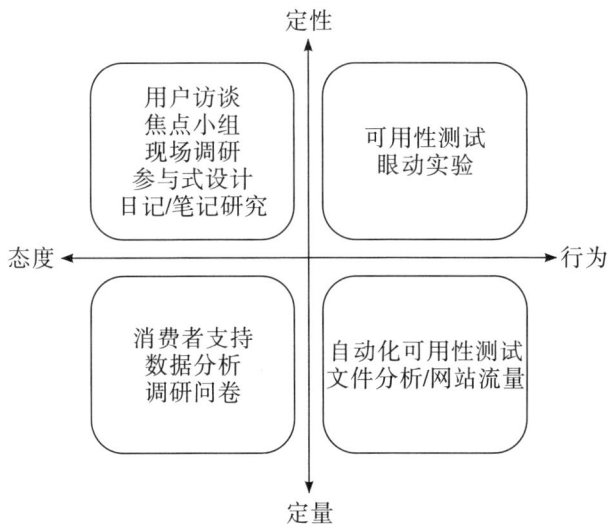

图 4 - 2　用户研究维度分类

资料来源：云栖社区，https://yq.aliyun.com/

（一）定性研究

定性研究是探索性的研究，一般用于确定用户需求。由于定性研究是非结构化、较主观的研究方法，所以相对于定量研究，样本量往往较小，并且会直接收集用户的某些行为或者习惯，对于整个群体不可能具有代表性。另外，定性研究中提出的问题容易发生变化，这也会对统计分析结果的可靠性产生一定的影响。

一般定性研究的方法有用户访谈、情境访谈、卡片分类法等，此处重点论述用得最多、最普遍的用户访谈。

用户访谈的目的是了解用户的真实核心需求。它相较于其他方式的好处是，不仅能从受访者的对话中获得信息，还能从其肢体语言中看出对产品的真实反应或者感受。

一般用户访谈分为结构化访谈（有一系列的结构化问题）和半结构化访谈（松散的访谈方式）。不管是哪种访谈方式，访谈的话题和内容都是有目的且经过系统设计的，产品设计人员在访谈之前必须要清楚地陈述访谈的意图和目的，至少类似以下三个问题是必须清楚的——为什么要做访谈？想了解什么？哪些人才是访谈对象？访谈过程中，产品设计人员需要避免对访谈者提出有压迫感和引导性的问题，访谈者只有完全放松下来，才能分享他真实的想法。

总的来说，用户访谈的目的是发现产品设计人员还不知道的事情、证实已经知道的事情以及寻找惊喜或意外的收获。

情境访谈要求访问者在用户的工作或者生活环境中与其交流，以确定受访者使用产品的操作行为和感受，是一种半结构化的访谈方式。它最大的优点是可以通过真实的工作环境或者使用环境，观察用户的使用习惯、发现需求和痛点。

1. 访谈执行流程

访谈全流程大体包括图4-3所示的7个步骤，其中"进行访谈"部分又可详细分解为以下几个部分：

（1）访谈团队的组成：访谈者、记录员、观察员、客户环境的摄影或记录者。

（2）开始（5分钟）：

①寒暄；

②说明意图；

③营造轻松氛围。

（3）访谈（45分钟）：

①根据设计的问题进行访谈；

②使用主动聆听的方式或技巧。

（4）结束（10分钟）：

①留点时间让用户提问；

②表示感谢。

（5）核心点：

①听到用户的问题；

②要求用户深入描述；

③确认用户的需求和所要解决的问题；

④区分需求、问题和解决方案。

图 4 - 3　访谈流程

2. 访谈对象

（1）目标用户。他们的需求通常预示着市场的普遍需求，并且产品设计人员可从这些需求的解决方案中获得更大的价值。目标用户往往具有某些详细的特征，例如产品使用时间长的顾客、使用频次高的顾客、发烧友等。

（2）抽样数量。确定是否需要进行不同的面访，例如根据用户的重要性、地理位置、年龄大小等筛选优质用户，最终确定面访的用户数量。表4 - 3 列出了一般的抽样数量标准。

表 4 – 3　一般的抽样数量标准

用户数量（市场划分）	面访
<5	所有
5～10	5
10～20	7
21～50	8
51～100	10
>100	10～15

（3）考虑其他种类用户。失去的用户、未来目标用户、不满意的用户、目前优质用户。

（4）用户选择矩阵。针对用户按照以下几个方面进行细分，例如满意度流失或转移的用户、主要用户、使用量、区域划分、竞争环境。然后针对以上的内容选定用户的名单并进行分类，确保用户的选择更加客观及分布合理。

（5）用户甄选常见问题。

①选取专家用户还是一般用户？

a. 如果产品处于概念开发阶段，要尽快确定核心功能和流程，专家用户的建议能够提供最多的有用信息；如果在产品迭代完善，并且想要大范围推广、快速增量的情况下，建议选择一般用户。

b. 对于 B 端产品来讲，专家用户熟悉业务的整个流程和环节，系统全面地掌握行业同类产品、开发及设计模式、历史和发展趋势，以及棘手问题的解决经验。

c. 对于 C 端产品来讲，一个专家用户往往是这个领域的发烧友，对行业同类产品的了解和体验较为深入。但要注意的是，专家用户的需求与大众用户的需求往往不匹配。

②敏捷用户研究要求下，选取真实样本还是便捷样本？

a. 如果对于某一个功能，有动机的用户在操作上会和无动机的用户有显著区别（比如现在想买车和现在没有购买计划的用户，让他们选择一个车贷产品，两者关注的重点就会有差异），建议使用真实用户作为样本。

b. 如果只是测试一个简单的交互，例如是否能从官网页面上迅速找到贷款咨询的入口，那么同事或许就是性价比最高的方案。

c. 当经验不能判断时，可以在同事中选择一个有动机的和一个没有动机的，观察他们访问行为的差异以及了解差异背后的原因，确定选择什么样的样本是合适的。

③选取同质样本还是异质样本？

a. 同质样本。产品设计人员想了解的问题，这群用户都有相应的需求。用户一定要和想了解的问题有所关联。

b. 异质样本。调研目的没有明确要求某类特定人群时，在行为和人口学特征上尽量覆盖全面。如果没有特定的情境要求，用户能覆盖的场景要尽量丰富。

3. 设计访谈问题

（1）确定访谈目标。描述访谈要达成的目标并明确告知客户将要谈到的主题（但必须指明访谈目的不是为了销售，拜访也不是解决当前的问题）。

（2）创建访谈指南。基于产品设计人员要达到的目标创建 6～10 个关键主题或问题。记住，这里的指南是方向性的而并不是调查问卷。可以针对每个主题或者问题设置子标题。

（3）创建讨论问题的指导方针。此步骤是专家和顾客的融合，需要聚焦而发散的问题。例如：

针对客户的使用环境——您如何使用？

过去使用产品/服务的经验——您用的时候有哪些困扰？

当前的考虑（正在购买或使用产品/服务）——您如何解决这些困扰？

将来的考虑因素——如果您要再次购买，希望它是怎样的？

（4）客户满意的定义和决策评判。客户满意是客户的决定，其内涵是客户想要的产品或者服务以其提供的价值满足或超出他们的满意标准。

客户购买决策就是客户的购买价值，是由产品或者服务的性能和价格共同决定的。

（5）访谈问题组织。可从用户目标、态度、工作流程、产品功能这四个维度组织问题，具体如图 4-4 所示：

用户目标维度	态度维度	工作流程维度	产品功能维度
• 用户目标：希望使用产品达到什么目的？ • 产品的机会点：产品什么地方阻碍了目的达成？ • 活动优先级：哪些最重要？ • 信息：用户做决策的信息是什么？	• 期望：您怎么看待某件事情？ • 规避：您不愿做什么？为什么？ • 动机：您最想做的是什么？最满意的是什么？为什么？	• 一天的工作流程：做某事的流程是怎样的？ • 事情和循环：这件事多久做一次？每月还是每周都做（但并不是每天做的）？ • 普通：典型的一天是怎么度过的？ • 特殊：会有什么不寻常的事情发生？ • 场景：工作流程产生的场景是怎样的？	• 功能：您使用的产品主要是做什么？ • 频率：产品什么功能使用最频繁？ • 偏好：产品做得好的功能有哪些？为什么？ • 失败：使用产品遇到过什么问题？怎么解决的？ • 经验技能：您有没有自己组合出更优的使用方法？

图 4-4 访谈问题组织

4. 提问方式

（1）倡导鼓励式提问及开放式提问：什么？（发现事实）如何？（了解过程）为什么？（进一步解释）可能的话，……（潜在表达），如：

您在使用中遇到了什么问题？

您怎样使用？

为什么会是那样呢？

如果可能的话，您能给出一个例子吗？

（2）避免封闭式提问和引导式提问：是什么？做什么？能够……这些通常是封闭式提问的一种，往往得到的答案是"是"或者"不是"。

您想要这样的系统吗？

您并不赞成我们提供这样的系统……

（3）注意点（见图 4-5）：①问题简明扼要；②避免使用技术术语或行话；③尽可能让对方多说、自己少说。

不要问用户"是否"的问题	避免问题太过模糊	避免直接问太细节的问题
【反例】您喜欢A方案还是B方案？您是否喜欢这个设计方案？（不能挖掘用户更深层次的想法）	【反例】您对投资理财有什么看法？（问题太过开放，没有重点，用户可能会敷衍了事）	【反例】通过在自选股列表"编辑"功能里搜索不在自选股列表里的股票，这个操作您的体验如何？（问题太过细节，用户无法准确理解）
【正解】这两个设计方案您觉得怎么样？更喜欢哪一个？原因是什么？	【正解】您购买过理财产品吗？买的时候主要考虑的因素是什么？	【正解】提供产品/原型让用户完成这个操作，在操作过程中引导发问

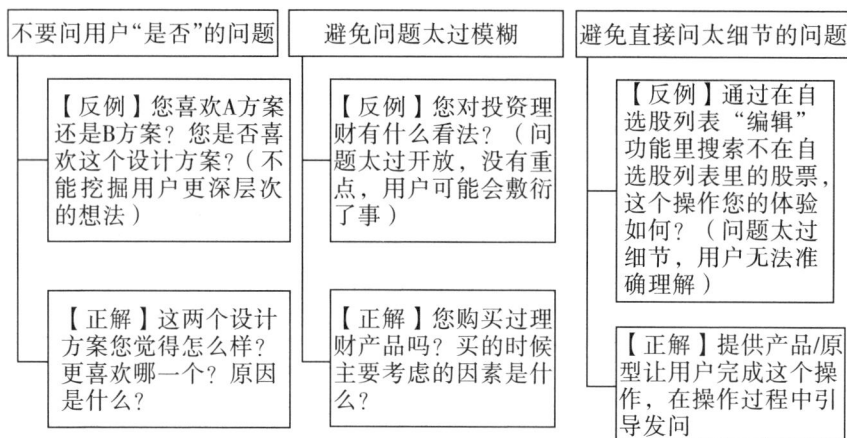

图 4-5　提问方式注意点

（二）定量研究

定量研究实质上是定性研究的对立面。定量研究的主要目的是测试和验证假设。一般定量研究的方法是结构化的、可衡量的、较客观的，并且定量研究需要较大的样本量。定量研究一般采用的方法有问卷调查、A/B测试、Kano（卡诺）模型等，要求封闭式问题和真实概率的抽样，所以定量研究可从样本中推测全体的结果。

1. 问卷调查

问卷调查是针对产品真实用户群的调查，它的问题一定是经过严格设计的，问题不在于多少，而在于精细和准确程度，必须非常具有针对性，并且调查结果能够达到预期的效果。问卷的设计非常重要，直接影响着整个问卷调查的结果。

由于问卷调查一般是远程的，缺乏交流和互动，所以问卷调查的方式需要尽可能多的用户参与。很多用户的实际行为和购买结果并不与他们填写在问卷上的答案一致，主要是产品设计人员无法通过互动和交流了解用户的真实需求和行为。

问卷调查法适用于调查用户的使用目的、态度和观点，不适用于探索用户概念的、模糊的需求。

（1）问卷调查编制流程。

①明确调查目的（产品需求）；

②问卷维度；

③题目编制；

④题型设置；

⑤开展问卷；

⑥问卷结果统计；

⑦数据分析。

（2）问卷编制。

①问卷组成部分：

指导语：主问卷前的告知，是影响填答率的一个重要因素。一般包含公司/自我介绍、访问内容、被访者重要性、被访者信息的保密性、访问的时长、奖励机制（有的无奖励机制）。

人口学信息：包含性别、年龄、学历、地址、职业等个人信息。如图4-6所示：

1. 您的性别：［单选题］*
   ○男　　○女

2. 您的年龄段：［单选题］*
   ○18 岁以下　　○18~25 岁　　○26~30 岁　　○31~40 岁　　○40 岁以上

3. 您的学历：［单选题］*
   ○高中及以下　　○大专　　○本科　　○硕士　　○博士

4. 您目前从事的职业：［单选题］*
   ○计算机类　　○市场营销类　　○文职/办事类　　○技术/研发类
   ○经营管理类　　○服务类　　　　○其他

图 4-6　问卷人口学信息编制示例

②甄别部分：用来筛选目标用户，一般包含规避类甄别题目（家人或朋友不在相关行业工作/半年内未参加过调研活动）和锚定类甄别题目（不同项目要求不同，主要是用来筛选目标用户，甄别用户属于哪个角色）。

③主问卷（题目、选项）编制要点：

a. 问题简洁、明确，有时这两者有矛盾，但应尽量做到平衡。

【反例】您使用×××的时间多久？——简洁

您第一次使用×××是什么时候？——简洁、明确

【正解】您第一次使用×××（不一定是目前最常用的这个）是什么时候？——稍微牺牲了"简洁"，但是更"明确"。

b. 避免习惯性的反应倾向（用户无意识地迎合研究者想要的答案）。

【反例】您对目前常用的×××满意吗？ 满意 不满意

【正解】您对目前常用的×××使用满意程度为？ 1 2 3 4 5

c. 用语中立、无诱导性、不做价值评判，避免社会赞许效应影响用户观点表达。

【反例】有人说×××产品不好用，您怎么看？

【正解】您对×××产品怎么看？

d. 随机顺序呈现：选项应该以随机顺序呈现给答题者，这样可以排除首尾选项或中间选项更易被选择的倾向。

e. 选项设置互斥，选项之间不要有重叠。

【例子】您平时上网较常浏览的内容为？

【原选项】A. 热点/头条新闻　B. 娱乐八卦　C. 时事政治　D. 游戏/动漫……

【修改】A选项与后面选项存在重叠，尤其A选项与C选项重叠的程度非常高。因此，删除C选项，把A选项改为"时事新闻"，或者更明确为"对内容物特别偏好，只关注头条、热点"。

f. 包含所有的可能。能否做到这一点，就反映出准备阶段的工作是否充分。当怀疑选项设置可能不全时，可以再去找其他相关人员探讨、核对。也可以设置【其他_____】选项，以确保用户始终可以作出选择；同时，选择【其他_____】选项的比例高低也反映了选项设置是否全面。

【例子】您觉得您手机上的音乐App有什么优势？

【原选项】A. 曲库资源多　B. 界面好看　C. 音质好　D. 社交分享方便

【修改】增加【其他_____】选项。

g. 问卷编制时设置一定比例的相似题目可以相互印证，防止用户不看题目随意选择。

【例子】"选择目前这家××作为您最常用的××的主要原因是什么？""您对目前最常用的这个××的主要不满之处是什么？"这两个题目的结果可以用来相互印证，提升问卷的信度。

h. 建立不同问题、选项间的呼应。

【例子】"您在××上比较关心什么类型的人？""您在××上感兴趣的内容是什么？"这两个题目可以用来做交叉分析，能找出"人"和"内容"最典型、最具代表性的组合。（一方面，可以相互印证，当然没必要仅仅为此而增加题量——得不偿失。另一方面，便于在统计分析时采用交叉分析/列联表的方法）

i. 变量的测量类型：实际工作中，只大体区分为"类别变量"和"连续变量"两大类。就统计测量层次上来说，"连续变量"比"类别变量"级别高，包含信息丰富，也可以使用稍高级的统计方法。所以，可能的情况下，尽量让选项"变为连续变量"。

【例子】想了解用户平时分享站外内容的情况，有两种选项设置（后一种更好）：
A. 分享　B. 不分享
A. 频繁　B. 经常　C. 一般　D. 很少　E. 从不

（3）问卷调查注意点。
①通常在接到需求后、编制问卷前，会基于访谈或已有数据的分析结果，通过问卷去验证，此时对相关信息已经有相当程度的了解，且已形成一定假设。
②了解同一个问题，问卷相对于访谈的优势在于可以量化各种需求、特征的比例，帮助排列需求优先级。

③关于用户的姓名、收入等个人隐私问题，除非必要一般不要求用户填写，以免影响回收率。即便确实是调查所需，也要说明缘由，且保留用户自主决定是否回答的权利。

（4）问卷投放和采样。

除了问卷本身的质量，直接影响调查成败的因素就是样本质量（样本量足够大，且具有代表性）。了解目标用户的结构，尽量覆盖不同类别的用户群，样本才具有代表性。想要样本量大，就尽可能多地动用投放渠道，当然还有些投放小技巧（越处于操作流程结束后，入口文案的排版越独立等）。样本抽样方法如图4-7所示，可视具体情况进行选择。

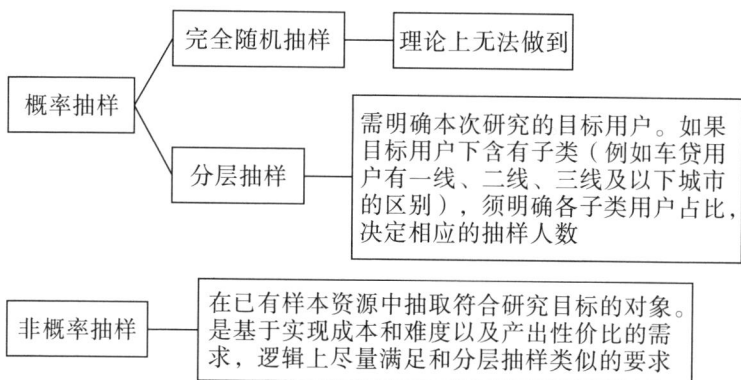

图4-7 样本抽样方法

（5）筛选有效数据。

数据回收后，产品设计人员要清洗数据，最常用的是通过对用户的重复提交、空题数量、逻辑错误等进行判断，过滤无效问卷。还有一些常用的筛选数据的方法如下：

①通过测谎题等筛掉无效数据；

②在处理数据结果时，剔除正负3个标准差之外的数据；

③部分网络调研平台会根据平台的累积数据进行建模，剔除无效数据。

需要注意的是，最后的数据并不等于事实，但能客观反映部分事实。以用户满意度调研来说，问卷的数据与具体的行为数据就有一定差异，产品设计人员可以根据用户的具体行为数据（购买行为/使用行为）与问卷数据进行对比和补充，作为开展后续工作的判断和依据，让整个调研工作更有科学性。

（6）问卷统计方法。

问卷统计方法包含非常多专业的统计学知识，这里只对常用的几个方法作简单的介绍，如果想了解更多，建议查阅统计学相关书籍。

①差异检验——发现差别。

a. T检验。

用途：检验两个连续变量在统计上的差异是否显著。

限制条件：正态或近似正态分布；单个样本 > 15；进行比较的样本量差异不要太大。

b. 卡方检验。

用途：检验两个分类变量值（每个分类的个数）在统计上的差异是否显著。

限制条件：要求样本含量应大于40，且每个项目的理论频数不小于5。

2. A/B 测试

用于比较验证多种想法。测试的对象、技巧都很重要，需要产品设计人员首先针对用户进行筛选，并确保其是目标用户。另外，提问题的时候需要进行开放式的提问。一般需要定量和定性的方法结合使用。这里不做详细描述。

3. Kano（卡诺）模型

狩野纪昭（Noriaki Kano）教授1984年首度提出了 Kano 模型，该模型受赫兹伯格理论的双因素理论启发而来，主要用于对用户需求进行分析、分类和需求优先级排序。Kano 模型以分析用户需求对满意度的影响为基础。

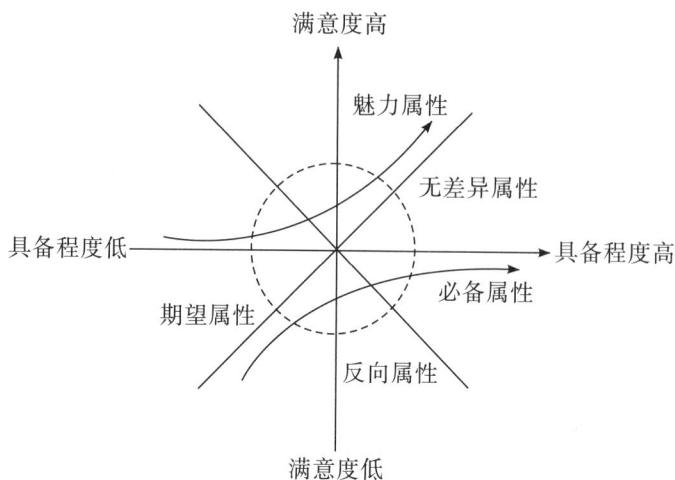

图 4 - 8　Kano 模型

图片来源：简书，https://www.jianshu.com/p/1e7f9f446936

Kano 模型如图 4 - 8 所示：横坐标表示某项要素的需求实现及优化程度，越向右边表示该要素的具备程度越高，越向左边则该要素的具备程度越低；纵坐标表示用户的满意程度，纵坐标越向上，用户越满意，越向下，用户越不满意。通过需求实现程度和用户满意度这两个维度，可以将用户需求分为以下五类：基础需求，期望需求，兴奋需求，无差异需求，反向需求。Kano 问卷对每个质量特性都由正向和负向两个问题构成，分别测量用户在面对存在或不存在某项质量特性时的反应。

（1）基础需求。当优化此需求时，用户满意度不会提升，但当不提供此需求时，用户满意度会大幅降低。基础需求是基础性需求，理所当然的需求，也是用户认为"必须要有"的功能。满足这些基本要求的能力应在增加其他项目之前被置于右下象限。例如，对一台车来说，基本要求是它能启动；对电话来说，基本要求是它能够通话。

（2）期望需求。当提供此需求，用户满意度会提升，当不提供此需求，用户满意度会降低；用户满意度和需求实现程度及优化程度呈线性相关。此类型需求与基础需求相反，简单来讲，如果有，用户会感到满意，如果没有，用户也不会特别失望。

（3）兴奋需求。这是用户意想不到的需求，表现为用户满意度和需求实现及优化程度呈现指数函数关系。如果不提供此需求，用户满意度不会降低，但当提供此需求，用户满意度会有很大提升。兴奋需求某种含义上是期望需求的升级版本，有时候产品设计人员提到的"超越用户预期"，以及挖掘表面需求背后隐藏的需求，便是指期望需求和兴奋需求的关系。期望需求是指用户表面的需求，兴奋需求则是指背后的真实需求。值得关注的是兴奋因素在大约六个月后就应变成基础因素。如果执行的情况在六个月内没能改进到模型的右方，那么在这段时间内，兴奋因素就会变成令人不满意的因素。例如，汽车的助力方向盘、手机的个人数字助理（Personal Digital Assistant，PDA）。

（4）无差异需求。这是指有没有都无所谓的一部分需求。用户满意度和需求实现及优化程度不相关，即无论提供或不提供此需求，用户满意度都不会有改变，用户根本不在意。

（5）反向需求。用户根本没有此需求，若提供此需求，用户满意度反而会下降。反向需求同时也是无差异需求的升级版本，所谓的无差异需求是提不提供都没有影响，反向需求恰恰是提供了就会产生负面影响。

综上所述，在产品功能的优先级上，第一要满足基本型属性需求，第二是期望型属性需求，第三是兴奋型属性需求。

产品设计人员以通过问卷调查的方式来调研用户对产品功能的态度，构建 Kano 模型来判定不同功能所属的需求类别，从而判定不同产品功能的需求优先级。我们可以根据表 4-4 的 Kano 评价结果分类对照表进行需求类型的确定。假设 R 为反向需求、I 为无差异需求，A 为兴奋需求，O 为期望需求，M 为基本需求，Q 为可疑结果（通常不会出现，除非问题本身有问题或者用户理解错误）。

表 4-4　Kano 评价结果分类对照表

用户需求		负向（如果产品不具备该功能，您的评价是）				
		不喜欢	勉强接受	无所谓	理应如此	我很喜欢
正向（如果产品提供该功能，您的评价是）	我很喜欢	Q	A	A	A	O
	理应如此	R	I	I	I	M
	无所谓	R	I	I	I	M
	勉强接受	R	I	I	I	M
	不喜欢	R	R	R	R	Q

三、 用户画像

（一）用户画像定义

用户画像是由某一特定群体或对象的多项特征构成，输出结果通常是对特征的具体描述（也可理解用户画像是由多个标签组合而成，其实例是由多个标签值构成）。具体到产品是根据每个人在产品中的用户行为数据，产出描述用户的标签的集合。

提到关于用户画像的定义，就不得不提到用户角色（User Persona）的定义，大家往往容易混淆两者。用户角色是由艾伦·库伯（Alan Cooper）提出的概念，又翻译为"人物角色"，指的是建立在一系列真实数据之上的目标用户模型。通过用户调研去了解用户，根据他们的目标、行为和观点的差异，将他们区分为不同的类型，然后从每种类型中抽取出典型特征，赋予名字、照片、一些人口统计学要素、场景等描述，就形成了一个人物原型。一般会包含与产品使用相关的具体情境、用户目标或产品使用行为描述等，也是产品设计人员从用户群体中抽象出来的典型用户。例如，在用户调研阶段，产品设计人员经过调查问卷、客户访谈了解用户的共性与差异，汇总成不同的虚拟用户。

用户画像和用户角色在关注重点、使用阶段、优劣势都所有不同，详见表 4 - 5：

表 4 - 5　用户画像和用户角色的区别

	用户画像	用户角色
关注重点	可采集、可标注、可量化的用户特征，以及在产品上的操作行为	观点、需求、动机
使用阶段和用途	产品上线后的优化、信息推广和营销、重视反馈的及时性	开发中的需求确定、交互设计、视觉风格确定
特征	真实存在	虚拟的、抽象的
优势	及时、灵敏、商业价值可量化	快捷、成本低
劣势	搭建时间长、成本高、反映行为、对需求理解有偏差	即时性差

　　需要重点说明的是，用户角色往往是一个虚构的角色，用来代表一个用户类型，主要目的是帮助产品设计人员形象地了解目标用户的行为特征，从而判断用户需求；但是用户画像总是建立在对真实用户的深刻理解及相关数据之上的，这些数据往往来源于业务端或用户访谈、问卷调查等。用户画像中的每一个实例都可以对应一个真实存在的用户。

　　此外，也简单介绍用户标签的概念，有助于更好地理解用户画像。用户标签是指对某一类特定群体或对象的某项特征进行的抽象分类和概括，其值（标签值）具备可分类性，也称为数据点，一般标签（Tag）越精准，对应覆盖的人数则越少。例如：对于标签"性别"，其标签值可分为"男""女""未知"。出于不同的行业及不同的客户群体，产品设计人员给用户打的标签也各有重点，但是标签通常可以分为两大类：相对静止的用户标签、变化中的用户标签。给用户"打标签"是用户画像最核心的部分。

　　用户画像是很重要的一种研究方法，可以帮助产品设计人员了解目标用户。用户画像一般从几个层面进行研究，包含用户的基本属性、行为态度、运营效果、活跃度等，产品设计人员不仅可以通过用户画像体现其基本的价值，包括了解用户基本情况和产品的用户构成，还能通过用户的使用场景和习惯等指导产品的运营活动。另外，还可以建立用户标签库和用户价值的模型，并观测用户变化，确认产品的定位和发展趋势。一般来说，完善用户画像的方法也包含问卷调查、后台数据、深度访谈等。

（二）用户画像的功能

　　随着大数据技术的发展，用户画像现在已经在越来越多的领域广泛使用，很多公司特别是金融类的企业都在建立自己的用户模型和数据库。但是也出现了很多公司在花费很长时间、投入大量资金、聘请专业人士建设的用户画像用不起来或者帮助不大的现象，与之前的期待、各种方法论和宣传的结果都大相径庭；还有很多用户画像的设计初衷都是围绕着用户出发，但是到最后沦为形式主义；还有很多公司是在使用过一段时间之后觉得用处不大，就不再使用。大部分公司在使用用户画像技术时都会面临类似以下几种问题：

　　怎样鉴定客户的各种维度及标签设置，以及如何验证？
　　以何种方式区分和寻找通过用户画像得出的标签客户？
　　业务发生变化后怎样正确地更改标签？

权重值的比例如何精确设定？

用户画像如何应用于未来的客户和业务？

从个人的观点来理解用户画像，笔者认为它的原理是通过原始的数据筛选出有用并且真实的事实标签，通过事实标签进行模型的建立来设立模型标签，再通过模型标签和各种计算方法推算出预测标签。简单来说，用户画像是通过原有的存量客户，也就是已经购买过企业产品或者服务的用户来预测未来用户的趋势，并且发现用户新的需求点，给出新标签的预测。因此，产品设计人员在使用用户画像数据的时候其实是在用过去的数据，并且这个数据一定是经过清洗和筛选的。另外，从时间上来说，它已经是过去式或者现在式，产品设计人员要通过这些数据预估未来的目标客户的画像，根据用户的需要提供适合的产品或服务。从这个角度来说，用户画像必定是有用的，但是在操作和使用中，必须要注意以下的事项：

（1）用户画像的使用必须结合行业和业务，避免过度追求"高大上"，而采用不切实际或者不适合的方式来进行分析或计算；

（2）用户画像的粒度不是越细越好，也不是划分的标签越多越好，而是应该追求标签的精确度和权重值；

（3）不能盲目使用用户画像，因为随着时间、使用场景的变化，很多数据是动态的，并且是变化的；

（4）使用用户画像的目的是提高业务量或者销量，而不是有了用户画像就能提高用户量和销量，所以要区分目标和工具之间的关系；

（5）需要建立用户画像的体系，但是更为重要的是要有使用用户画像的场景和方法。

还需要强调的是，不同的企业做用户画像有不同的战略目的，例如广告公司做用户画像是为精准广告服务，电商是为了用户购买更多商品，内容平台是为推荐用户更感兴趣的内容提升流量再变现，所以一定要根据自身的目标来制定用户画像战略（见图 4 - 9），这样才能最大限度地发挥用户画像的作用。

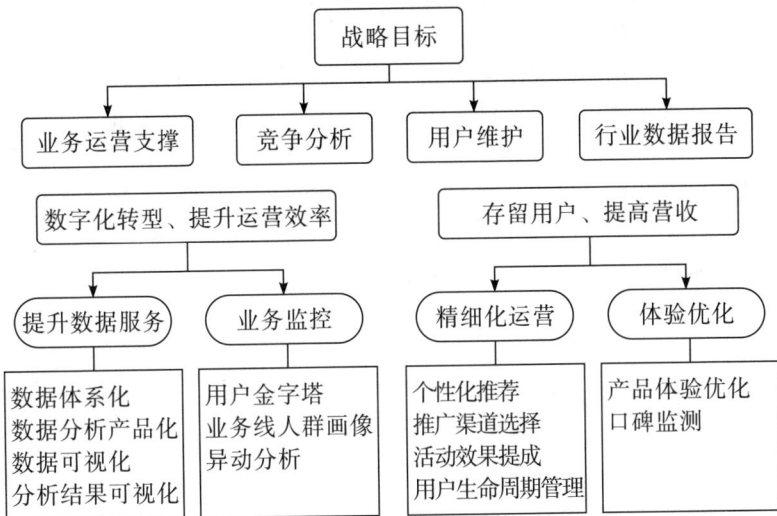

图 4 - 9　用户画像战略解读

图片来源：爱运营，https://www.iyunying.org/seo/dataanalysis/117594.html

（三）用户画像的应用

市场应用。可以帮助企业预估市场规模、制定阶段性目标、精准化营销。例如以数据为基础，建立用户画像，利用标签，让系统进行智能分组，获得不同类型的目标用户群，针对每一个群体策划并推送针对性的营销。

产品应用。确定产品定位及目标用户群、产品研发及优化。例如企业通过获取到的大量目标用户数据，进行分析、处理、组合，搭建用户画像，作出用户喜好、特征、需求等分析，从而设计出符合用户需求的产品，为用户提供更好的产品或服务。

数据应用。有助于建立数据资产，进行数据分析及挖掘。例如在互联网营销行业中常用的数据管理平台（Data Management Platform，DMP）就是很好的案例。除了可以分析数据，还有所谓的数据能力输送，就是指用户画像以不同的形式输出，例如前文所说的用户角色，都是通过算法模型预测推算出来的。

（四）用户画像体系框架的建立

不同的企业建立用户画像的战略和目标不同，因此在建立用户画像之前有必要花时间详细了解其战略目标、应用场景等，进一步明确用户画像的用途，选取合理的标签维度和分类。

一般而言，用户画像体系都是按照类似树形结构进行设计，可以根据业务进行一级类目、二级类目、三级类目等划分。标签体系也可分为多个层级。

用户画像的数据主要分为五类：人口属性、社会属性、消费特征、兴趣爱好、社交信息。汽车金融行业的用户研究应该以人口属性和信用属性为核心和基础，具体如图4-10所示：

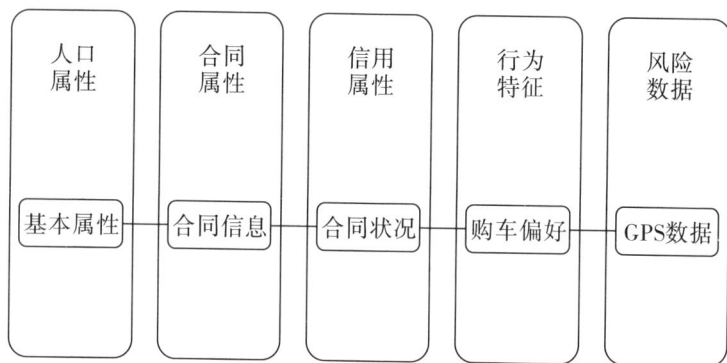

图4-10 汽车金融类用户画像框架

建立用户画像主要有以下步骤：

（1）数据源采集及处理。

数据的来源有非常多的渠道。例如公司业务系统中的用户数据、用户调研、网络行为数据等。用户数据分为动态信息数据（用户不断变化的行为信息）和静态信息数据（用户相对稳定的信息），例如人口属性属于静态信息数据，行为类型属于动态信息数据（一般有用户接触点）。

但值得注意的是，收集的数据很多不能直接使用，需要针对数据的空缺、重复、不一致等进行处理。为了保证后期挖掘的准确性，必须要对原始数据进行数据清洗。另外，还需要对数据进行标准化和结构化处理。用户画像的建立需要整合多源数据，必须建立统一的标准，才能完整标识实体的用户画像。

数据是构建用户画像的核心依据。为了更好地建立用户画像，数据是重中之重，所以在建立用户信息时还需要考虑用一些激励或活动补充和完善用户信息，或者向第三方支付费用购买行业用户数据。

（2）用户分类与标签、权重设置。

针对用户的静态数据进行基本的用户分类，根据不同的目的进行不同的分类，例如可以根据使用行为、消费形态等。

接下来就需要给每个用户打上标签和标签权重。权重并不是一成不变的，根据每个用户的阶段和市场变化不同，产品设计人员可以针对权重值不断优化。标签一般分为事实标签、模型标签、预测标签——事实标签是可以从原始数据中获取的，模型标签是需要建立模型进行计算的，预测标签是通过预测算法挖掘的（见图4-11）。

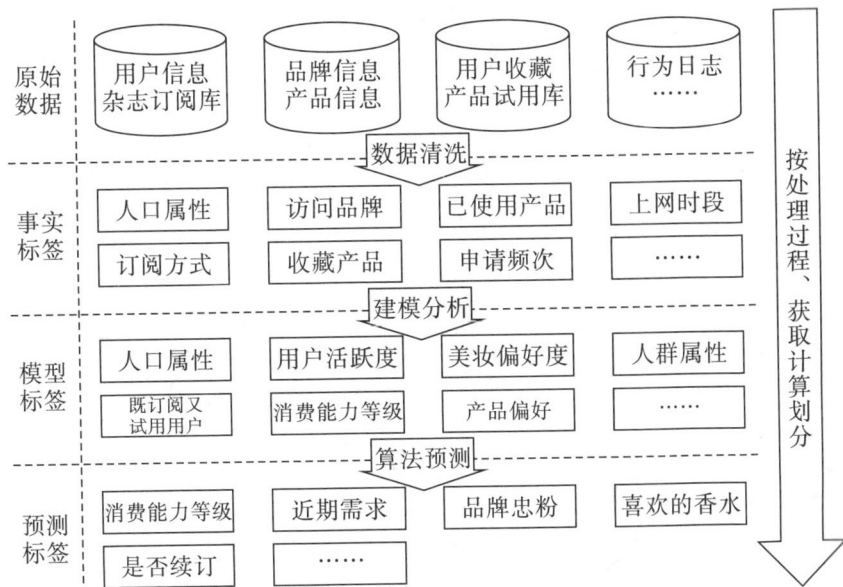

图4-11 标签分类和层级

图片来源：爱运营，https://www.iyunying.org/seo/dataanalysis/117594.html

权重的设置是根据分类分别对一级分类、二级分类、三级分类等设置各分类层级的权重值（见图4-12）。例如可以根据客户信息等级时间的远近程度，对其人口属性可参考性赋予不同的权值。

距离现在时间0.5~1年之间的　　0.9

| 距离现在时间 1~2 年之间的 | 0.8 |
| 距离现在时间 2~3 年之间的 | 0.7 |

可以根据每一级的权重值计算出最后综合的分值，用于区分客户的两种极端样本（好样本和坏样本）。对于权重值一般基于相关系数进行矩阵的权重归类。如果没有办法在一开始精确各层级的权重值，也可以根据预估的方式设置变量进行调节。

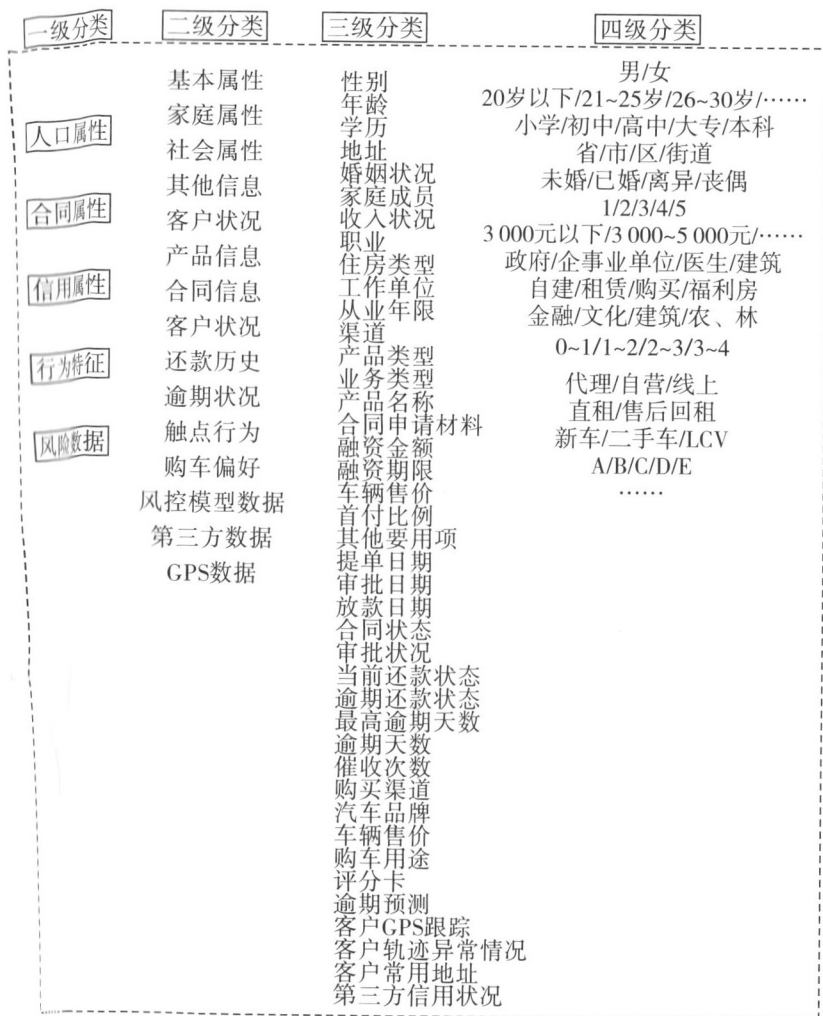

一级分类	二级分类	三级分类	四级分类
人口属性	基本属性	性别	男/女
	家庭属性	年龄	20岁以下/21~25岁/26~30岁/……
	社会属性	学历	小学/初中/高中/大专/本科
合同属性	其他信息	地址	省/市/区/街道
	客户状况	婚姻状况	未婚/已婚/离异/丧偶
	产品信息	家庭成员	1/2/3/4/5
信用属性	合同信息	收入状况	3 000元以下/3 000~5 000元/……
	客户状况	职业	政府/企事业单位/医生/建筑
行为特征	还款历史	住房类型	自建/租赁/购买/福利房
	逾期状况	工作单位	金融/文化/建筑/农、林
风险数据	触点行为	从业年限	0~1/1~2/2~3/3~4
	购车偏好	渠道	
	风控模型数据	产品类型	代理/自营/线上
	第三方数据	业务类型	直租/售后回租
	GPS数据	产品名称	新车/二手车/LCV
		合同申请材料	A/B/C/D/E
		融资金额	……
		融资期限	
		车辆售价	
		首付比例	
		其他要用项	
		提单日期	
		审批日期	
		放款日期	
		合同状态	
		审批状况	
		当前还款状态	
		逾期还款状态	
		最高逾期天数	
		逾期天数	
		催收次数	
		购买渠道	
		汽车品牌	
		车辆售价	
		购车用途	
		评分卡	
		逾期预测	
		客户GPS跟踪	
		客户轨迹异常情况	
		客户常用地址	
		第三方信用状况	

图 4-12 汽车金融类用户画像框架

（3）数据分析建模。

当产品设计人员对用户画像的基础资料和数据收集并处理完毕之后，需要对数据进行分析和加工，构建可视化模型。建模主要是通过用户的真实数据计算出用户行为上的数据来预测各种用户画像维度。

数据挖掘常见的分析方法有聚类分析。所谓聚类，就是将相似的事物聚集在一起，而将不相似的事物划分到不同类别的过程，即将那些具有相似性数据的成员聚合并组织的过程。其主要目的是在相似的基础上收集数据，通过这些数据进行描述，衡量不同数据源间的相似性，以及把数据源分到不同类别中。RFM 模型就是一种应用广泛的聚类分析模型。比较常用的聚类算法有 K-means、DBSCAN（Density-Based Spatial Clustering of Applications with Noise，具有噪声的基于密度的聚类方法）等，基本思路都是利用每个向量之间的"距离"。

除了聚类算法，分类算法也较常用。分类算法非常多，包括贝叶斯、逻辑回归、神经网络、关联算法、SVM（Support Vector Machine，支持向量机）、XGBoost 等。目前在所有的机器学习和训练工程中，误判是没有办法全部避免的。各种算法和逻辑此处就不再展开讨论了。

利　率

第五章

一、 利率的定义及分类

利率是指一定时期内利息额与借贷资金额即本金的比率。利率是决定企业资金成本高低的主要因素，同时也是企业筹资、投资的决定性因素，对金融环境的研究必须注意利率现状及其变动趋势。

一般来说，利率有以下几种不同的分类方式：

（1）根据计量的期限标准不同，有年利率、月利率、日利率。

（2）根据是否考虑通货膨胀的关系，分为名义利率和实际利率。名义利率是指没有剔除通货膨胀因素的利率，例如银行存款利率；实际利率是指已经剔除通货膨胀因素后的利率。通俗说法就是，一般银行没有考虑通货膨胀的利率就是名义利率，而实际利率是考虑了名义利率和通货膨胀的因素，一般是考察货币的实际购买能力。

（3）根据计算方法不同，分为单利和复利。单利是指在借贷期限内，只在原来的本金上计算利息，对本金所产生的利息不再另外计算利息；复利是指在借贷期限内，除了在原来本金上计算利息外，还要把本金所产生的利息重新计入本金，重复计算利息，俗称"利滚利"。汽车金融类的借贷一般按照复利进行计算。

（4）根据与市场利率供求关系，分为固定利率（Fixed Rate）和浮动利率（Adjustable Rate）。固定利率是在借贷期内不作调整的利率。使用固定利率便于借贷双方进行收益和成本的计算，但同时，不适用于在借贷期间利率会发生较大变动的情况，利率的变动会导致借贷的其中一方产生重大损失。汽车金融的借贷一般按照固定利率进行计算，但是如果涉及特殊产品的需求，可在系统中进行浮动利率的配置。浮动利率是在借贷期内随市场利率变动而调整的利率，是指贷款在一定期限内锁定贷款利率，超过期限之后按照市场调整利率。使用浮动利率可以规避利率变动造成的风险，但同时，不利于借贷双方预估收益和成本。房产类的借贷一般按照浮动利率进行计算。

以上是利率的基础概念以及分类。接下来根据汽车金融领域使用较多的场景进一步描述利率的具体解释、分类和使用。

二、　名义利率

名义利率，是央行或其他提供资金借贷的机构所公布的未调整通货膨胀因素的利率，即利息（报酬）的货币额与本金的货币额的比率，即指包括补偿通货膨胀及通货紧缩风险的利率。例如，张某在银行存入 100 元的一年期存款，一年到期时获得 5 元利息，利率则为 5%，这个利率就是名义利率。

名义利率虽然是资金提供者或使用者现金收取或支付的利率，但人们应当将通货膨胀因素考虑进去。

三、　实际利率

实际利率（Effective Interest Rate/Real Interest Rate）是指剔除通货膨胀率后储户或投资者得到利息回报的真实利率。

实际利率是随价格水平预期变化而调整的，至今国际上通用的实际利率计算公式如下：

实际利率 ＝ （1 ＋ 名义利率）／ （1 ＋ 物价变动率） －1

从公式上来看，实际利率也可以理解为物价水平不变，从而货币购买力不变条件下的利息率。名义利率与实际利率存在下述关系：

（1）当计息周期为一年时，名义利率和实际利率相等；计息周期短于一年时，实际利率大于名义利率。

（2）名义利率不能完全反映资金时间价值，而实际利率则真实反映资金的时间价值。

（3）以 r 表示实际利率，i 表示名义利率，n 表示年计息次数，那么实际利率与名义利率之间的关系为：

$$r\ (n) = (1 + i/n)^n - 1$$

一般简化为：

名义利率＝实际利率＋通货膨胀率

（4）名义利率越大，周期越短，实际利率与名义利率的差值就越大。

经济学家欧文·费希尔对实际利率下的定义是，它只是对货物比对未来同样的货物多支付的百分率溢价。费希尔的概念的要点是：①肯定而得到保证的支付；②肯定而得到保证的偿还；③肯定的日期。如果采用这个概念，也可以把实际利率看作是按被放弃的未来消费计算的现时消费的有关费用。

1．存款实际利率

根据费雪方程式，在存款期间的实际利率是：

$$ir = in - p$$

其中 in 表示名义利率，ir 表示实际利率，p 表示该段期间的实际通货膨胀率。

2．预期实际利率

投资的预期实质回报是：

$$ir = in - pe$$

其中 pe 表示该段期间的预期通货膨胀率。

3．实际贷款利率

设 i 为当年存贷款的名义利率，n 为每年的计息次数，则实际贷款利率 r (n) 为：

$$r\ (n) = (1 + i/n)^n - 1$$

当 n 趋于无穷大时，i 则为连续复利利率，若欲使到期的连续复利 i 与实际利率 r 存款收益相同，则 r 应满足：

$r = exp(i) - 1$

当涉及名义利率、通货膨胀率时，与实际利率相关的公式为：

1 + 名义利率 = （1 + 通货膨胀率）×（1 + 实际利率）

四、 名义利率和实际利率的区分

名义利率和实际利率是相对概念，造成两者不同的情况通常有两种：

（一）计息周期和次数不同

一般的经济概念中，复利的计算通常是以年为计息周期，但是在实际的经济活动中，计息周期有日、周、月度、季度、半年等多种形式，当利率的时间单位与计息周期不一致时，就出现了名义利率和实际利率的概念。比如，银行存款年利率为8%，一年计息两次，存入金额1 000元。一年计息两次，说明半年计息一次，则在六月末，银行存款的本息和是1 000 × （1 + 8%/2），而下半年则是以六月末的本息和为本金再次计息，所以在年末，银行存款的本息和为1 000 × （1 + 8%/2）×（1 + 8%/2），所以实际年利率为：[1 000 × （1 + 8%/2）×（1 + 8%/2）– 1 000]/1 000 = （1 + 8%/2）^{2} – 1，其中银行给出的年利率8%称为名义利率，而投资者得到的真实回报利息率为实际利率，由此可知，实际利率与名义利率之间的关系为：

实际利率 = （1 + 名义利率/一年内计息次数）^{一年内计息次数} – 1

（二）存在通货膨胀

因为存在通货膨胀，所以会导致货币贬值，使实际利率低于名义利率。例如，如果银行存款年利率为10%，通货膨胀率也为10%，一年计息一次，存入银行的金额为100元，则年末可领取本息和为100 × （1 + 10%）= 110（元）。而由于存在通货膨胀，一年前的100元可以购买10双拖鞋，现在要110元才可以购买10双拖鞋，所以虽然资金存入银行产生了增值，但是需要扣除通货膨胀的因素。因为可以购买的实物的价值（10双拖鞋）是不变的，实际利率 = （1 + 名义利率）/（1 + 通货膨胀率） - 1 = （1 + 10%）/（1 + 10%） - 1 = 0，即名义利率为银行给定年利率10%，实际利率为0。

五、 常用利率的区分

（一） 年度百分率

年度百分率（APR）是一年后赚得的单利，即没有考虑复利效应的利息额。APR 是一个计算得出的比率，它不仅包括了利率，还包括了其他借贷所需要的费用。APR 背后的概念是帮助消费者权衡利率和成交结算时所需要支付的费用（比如支付较高的费用以获得较低的利率，或者以更高利率支付成交结算价格）。政府认为这很重要，因此美国《诚实借贷法案》（*The Truth in Lending Act*）要求利率中必须列出 APR。

APR 虽然有用，但也有局限性。APR 涵盖了整个贷款周期的费用，包括预先支付的费用。因此，比较 APR 只有在计划利用整个贷款周期偿还贷款时才是准确的。这一规定的目的就是在不同的计息方式之间建立一套能为所有人都了解的标准程序与方法。虽然当支付以不规则时段进行时将表现出一些复杂性，但 APR 的使用简化了对不同贷出期限进行比较的问题。

计算 APR 就是将借贷费用（借到贷款所需要的费用）算进利率里，像对待附加款项一样在贷款周期里分摊这些费用，然后计算一个新的利率。

$$APR = 每期利率 × 每年期数$$

（二） 存款年收益

与年度百分率（APR）相对的是存款年收益（APY），APY 主要适用于储蓄的存款复利。一般来讲，在衡量某种投资或者储蓄产品所能支付给你多少利息的时候，多用 APY 表示。APY 在计算时，可以按月复利，按季复利，按半年复利等：

$$APY = （1 + APR/期数）^{期数} - 1$$

假设你以5%的 APR 存了 10 000 元，并且利息只有一年，利息是按月支付的。这就意味着，5%的 APR 将被分成12期，0.42%每期。第一个月之后你将收到 10 042 元，第二个月时，0.42% 的利息将会以 10 042 为基数计算，以此类推。由此，虽然 APR 是 5%，但实际上一年后，你收到了 512 元，这就意味着 APY 是 5.12%。

（三）有效年利率

有效年利率（EAR）指在按照给定的计息期利率和每年复利次数计算利息时，能够产生相同结果的每年复利一次的年利率。一般在衡量某种贷款产品每年实际需要向你征收多少利息的时候用 EAR 表示：

$$EAR = (1 + r/m)^m - 1$$

其中 EAR 为有效年利率，r 为名义利率，m 为一年内计息次数。

假设按月计算利息，月利率为 1%，每月计息一次，那 1% 是月实际利率，$(1 + 1\%)^{12} - 1 = 12.68\%$ 即为年实际利率。

（四）年当量率

年当量率（AER）是计算利息率时的一种指标，是一个考虑了复利因素的年化利率。AER 只用于衡量存款利率，它实际上和 EAR 表示的含义一样，但通常 AER 被用在储蓄账户的利率比较上。

$$AER = (1 + 每期利率)^{每年期数} - 1$$

假设按月计算利息，月利率为 1%，每月计息一次，那 1% 是月实际利率，$(1 + 1\%)^{12} - 1 = 12.68\%$ 即为年实际利率。

（五）常用利率

表 5 - 1　常用利率一览表

利率名称	单/复利	利率概念	使用场景	公式	举例	特点
名义利率（Nominal Interest Rate，NIR）	单利	名义利率是央行或其他提供资金借贷的机构所公布的未调整通货膨胀因素的利率，即利息（报酬）的货币额与本金的货币额的比率	计息周期的利率乘以每年计息周期数；银行机构的存款、贷款广告中会看到的报价利率	以 i 表示实际利率，r 表示名义利率，p 表示通货膨胀率，那么名义利率与实际利率之间的关系为 1 + 名义利率 =（1 + 实际利率）×（1 + 通货膨胀率），即 $1 + r = (1 + i)(1 + p)$，一般简化为：名义利率 = 实际利率 + 通货膨胀率，即 $r = i + p$	假设按月计算利息，月利率为 1%，每月计息一次，那么 1% 是月实际利率，1% × 12 = 12% 即为年名义利率	未考虑通货膨胀的利率，一般默认认为一年计息一次

（续上表）

利率名称	单/复利	利率概念	使用场景	公式	举例	特点
年度百分率（Annual Percentage Rate, APR）又称"名义年利率"	单利	年度百分率是由美国的信贷公平法规定的一种计息方式。年度百分率指的是一年后赚得的单利（Simple Interest），即没有考虑复利效应的利息额。年度百分率通常小于有效年利率	美国的任何金融机构在提供金融服务时都要将所涉及的利率折算成 APR，并明确告诉顾客。它一般指债券上标明的利率，或者是银行的一年期定期存款利率。海外房屋抵押贷款等金融服务中比较常见	$APR = $ 每期利率 $\times$ 每年期数； 假设投资利率用 APR 来表示，一年有 $n = 1/T$ 期，每期利率为 RT $APR = n \cdot RT$ $APR \cdot T = RT$ $1 + EAR = (1 + RT)$ $n = (1 + APR \cdot T)$ $1/T$ $APR = [\,(1 + EAR)$ $T - 1]\ /T$	假设你以 5% 的 APR 存了 10 000 元，并且利息只有一年，那么一年后将将得到 500 元利息	不考虑复利计息的一年期利率，它包括借贷所需要其他费用。APR 目的的费用。APR 目的是帮助消费者权衡利率和成交权衡利率和成交结算时所需要支付的费用

（续上表）

利率名称	单/复利	利率概念	使用场景	公式	举例	特点
存款年收益（Annual Percentage Yield, APY）	复利	APY与APR相对，APY在计算时，可以按月复利（Monthly Compounding），按季复利（Quarterly Compounding），按半年复利（Semiannual Compounding）等	主要适用于储蓄存款复利。一般来讲，在衡量某种投资或者储蓄产品所能支付给你多少利息的时候，用APY	$APY = \left(1 + APR/期数\right)^{期数} - 1$	假设你以5%的APR存了10 000元，并且利息只有一年，利息是按月支付的。这就意味着，5%的APR将被分成12期，0.42%每期。第一个月之后你将收到10 042元，第二个月时，0.42%的利息将会以10 042为基数计算，以此类推 由此，虽然APR是5%，但实际上1年后，你收到了512元。这就意味着APY是5.12%	考虑复利计算的利率，但用于储蓄产品计算利息为主

（续上表）

利率名称	单/复利	利率概念	使用场景	公式	举例	特点
实际有效利率（Effective Interest Rate/Real Interest Rate, EIR）简称"实际利率"	复利	实际利率是指剔除通货膨胀率后储户或投资者得到的利息回报的真实利率	计算利息时实际采用的有效利率	假设 EIR 表示年实际利率，m 表示一年中的复利计息率，r 为名义利率，则：$EIR = (1 + r/m)^m - 1$；假设 r 为年名义利率，i 表示年实际利率，m 表示一年中的计息次数，P 为本金，则：年末本利和为：$F = P(1 + r/m)^m$ 利息为：$I = P[(1 + r/m)^m - 1]$	假设按月计算利息，月利率为1%，每月计息一次，那1%是计息一次，月实际利率，$(1 + 1\%)^{12} - 1 = 12.68\%$ 即为年实际利率	m 表示一年中的计息次数，但是在算多年的年末本利和时，m 次方应乘以年限
有效年利率（Effective Annual Rate, EAR）	复利	有效年利率指按照给定的计息年利率和每年复利次数计算利息时，能够产生相同结果的每年复利一次的年利率	衡量某种贷款产品每年实际需要向你征收多少利息的时候用 EAR	$EAR = (1 + r/m)^m - 1$ 其中 EAR 为有效年利率，r 为名义利率，m 为一年内计息次数	假设按月计算利息，月利率为1%，每月计息一次，那1%是月实际利率，$(1 + 1\%)^{12} - 1 = 12.68\%$ 即为年实际利率	对于一笔资本交易，一方的 APY 基本上就是另一方的 EAR

（续上表）

利率名称	单/复利	利率概念	使用场景	公式	举例	特点
年当量率（Annual Equivalent Rate, AER）	复利	AER 是计算利息率时的一个指标，是一个考虑了复利因素的年化利率	AER 只用于存款利率，其实际上和 EAR 是同一个东西，但通常被用在储蓄账户的利率比较上	$AER = (1 + 每期利率)^{每年期数} - 1$	假设按月计算利息，每月月利率为 1%，那 1% 是计息一次，月实际利率，$(1 + 1\%)^{12} - 1 = 12.68\%$ 即为年实际利率	AER 的计算同 EAR 一样，是一个考虑了复利因素的年化利率，使得储户能在不同（频率计息）的储蓄产品之间作比较，看哪个收益更高

六、 利率（利息率）与费率的区分与转化

所谓利率，是"利息率"的简称，就是指一定期限内利息额与存款本金或贷款本金的比率，通常分为年利率、月利率和日利率三种。年利率，指一年的存款利率。年利率按本金的百分之几表示，月利率按千分之几表示，日利率按万分之几表示。

对于利率和费率的概念混淆不清的情况一直存在，不管是客户，还是行业内的从业人员，甚至很多销售人员都没有办法理解和计算。因此汽车金融领域内有特别针对代理商（SP）、销售、客户提出建议的万元系数的概念。但是站在客户的角度，通常所说的就是费率的概念。

费率，也被称为"民间利率"，指缴纳费用的比率。此费率没有考虑货币时间价值，计算方式为所有偿还利息之和除以本金。费率小于实际利率，相较于利率，费率的计算非常简单明了，因此国内大部分的民间借贷，客户都以费率为基础计算。

- 费率一般单位有分、厘（一分＝十厘）等。
- 由于费率与贷款期限强相关，因此费率表达一般有月息、年息。
- 月息一分，表达为 1%；月息一厘，表达为 1‰。
- 年利一厘按 1% 计，月利一厘按 1‰计。
- 年息一分和一厘表示一年利息是本金的 1% 和 1‰。
- 年利率以百分比表示，月利率以千分比表示，日利率以万分比表示。如年息九厘写为 9‰，即每千元存款定期一年利息 9 元；月息六厘写为 6‰，即每千元存款一月利息 6 元；日息一厘五毫写为 1.5‰。
- 三种利率之间可以换算，其换算公式为：年利率÷12＝月利率；月利率÷30＝日利率；年利率÷360＝日利率。
- 费率应计利息的计算公式是：应计利息＝本金×利率×时间。

以上都是基础概念，接下来我们会结合汽车金融市场的具体情况进一步阐释。例如，我们通常说的银行信用卡利率 4%、8%、12% 非常低，其实实际的利率高于此水平（后面会重点讲计算和转化），这是费率的一种表达方式。

（一）区分

利率是按照复利来计算的。费率是将所有要付的费用直接分摊到贷款期限内。

● 费率：费率是指缴纳费用的比率，费用分期缴纳金额相同。
● 利率：利率是指一定时期内利息量与本金的比率，大多数都是分期偿还，但金额不同。只有在一种情况下，即还本付息且利息是在贷款期初支付时贷款费率 = 利率，否则费率的"费"是现值，利率的"息"是期值。

以上都是基础概念，现在我们来结合汽车金融市场具体情况进行区分。

汽车金融由于涉及不同的参与主体和资方，如果客户对于利率和费率不能进行区分，可能会导致实际利率是费率的一倍左右。

表 5 - 2　不同参与主体收费方式

参与主体	银行信用卡	汽车金融公司	融资租赁公司
计算方式	费率	利率	利率为主，特殊产品有费率计算
收取方式	一次性收费	灵活还款方式（等额本金、等额本息、无忧智慧贷款等）	等额本息为主

从表 5 - 2 可以看出，区分费率还是利率，首先看资方，再次看收取方式，另外需要看万元系数或者月供，以此来倒推真实的利率。接下来，我们看看这两者的转化。

（二）转化

费率转化利率有以下方法：

1．方法一：用 IRR 拉现金流

表 5 - 3　利率与费率转化示例表

（假设条件：贷款额 20 万，贷款期限 24 期，费率为 3.46%；单位：元）

贷款金额	200 000	总利息	13 840	IRR	0.542%
贷款期限	24 期	每期利息	576.666 666 7		
费率	3.46%	每期本金	8 333.333 333	IRR * 12	6.51%
利率	？	每期付款	8910		
期数	还款日期	贷款本金	本金	利息	本息和
0	2018/6/1	200 000	- 200 000	0	- 200 000
1	2018/6/30	191 090	- 8 333.333 333	- 576.666 666 7	8 910
2	2018/7/31	182 180	- 8 333.333 333	- 576.666 666 7	8 910
3	2018/8/31	173 270	- 8 333.333 333	- 576.666 666 7	8910
4	2018/9/30	164 360	- 8 333.333 333	- 576.666 666 7	8 910
5	2018/10/31	155 450	- 8 333.333 333	- 576.666 666 7	8 910
6	2018/11/30	146 540	- 8 333.333 333	- 576.666 666 7	8 910
7	2018/12/31	137 630	- 8 333.333 333	- 576.666 666 7	8 910
8	2019/1/31	128 720	- 8 333.333 333	- 576.666 666 7	8 910
9	2019/2/28	119 810	- 8 333.333 333	- 576.666 666 7	8 910
10	2019/3/31	110 900	- 8 333.333 333	- 576.666 666 7	8 910
11	2019/4/30	101 990	- 8 333.333 333	- 576.666 666 7	8 910
12	2019/5/31	93 080	- 8 333.333 333	- 576.666 666 7	8 910
13	2019/6/30	84 170	- 8 333.333 333	- 576.666 666 7	8 910
14	2019/7/31	75 260	- 8 333.333 333	- 576.666 666 7	8 910
15	2019/8/31	66 350	- 8 333.333 333	- 576.666 666 7	8 910
16	2019/9/30	57 440	- 8 333.333 333	- 576.666 666 7	8 910
17	2019/10/31	48 530	- 8 333.333 333	- 576.666 666 7	8910
18	2019/11/30	39 620	- 8 333.333 333	- 576.666 666 7	8 910
19	2019/12/31	30 710	- 8 333.333 333	- 576.666 666 7	8 910
20	2020/1/31	21 800	- 8 333.333 333	- 576.666 666 7	8 910
21	2020/2/29	12 890	- 8 333.333 333	- 576.666 666 7	8 910
22	2020/3/31	3 980	- 8 333.333 333	- 576.666 666 7	8 910
23	2020/4/30	- 4 930	- 8 333.333 333	- 576.666 666 7	8 910
24	2020/5/31	0	- 8 333.333 333	- 576.666 666 7	8 910

运用此方法，需要注意的是，分别用 XIRR（不定期现金流）和公式（一年后还本付息的计算方式）算出来的结果值都约等于 6.71%。这个结果与 6.51% 是有误差的。这个误差的产生是由费率的收取方式以及每月不是按照等额本息的方式导致的，所以此种算法需要确定费率的收取方式和每个月的还款方式。

$$XIRR = 6.72\%$$
$$(1 + IRR)^{12} - 1 = 6.71\%$$

2. 方法二：用直接公式转化

如果 a 表示月费率，n 表示日期，那么：

实际年利率 $= a \cdot n \cdot 24/(n+1)$

年利率 = 分期手续费率/（分期数 + 1）× 24 = 单期手续费率 × 分期数/（分期数 + 1）× 24

我们用公式计算上个案例，得到的结果是 6.64%。这个结果是用公式转化的最终结果值，这种算法的结果更为精准。我们可以同样通过其他的案例来验证，例如银行最常见的 12 期 3.58% 的手续费：

分期收取：$0.035\ 8/13 \times 24 = 0.066\ 1 = 6.61\%$

首期收取的话，年化利率应该再除以（1 − 分期手续费率）。

即首期收取：$0.035\ 8/13 \times 24/(1 - 0.035\ 8) = 0.068\ 5 = 6.85\%$

3. 方法三：用 RATE 函数公式

例如，某银行信用卡汽车分期业务收费标准为 12 期 5.5%，24 期 10.5%，36 期 14.5%。用 RATE 公式得出来的年利率的结果分别为 10.57%、10.89%、10.47%。所以由此我们可以看出实际的年利率与费率在表达上的不同，导致其数值的差距甚至可能达一倍。另外此公式更适用于知道每期月供时的计算。由于信用卡的收取方式更多的是一次性扣除费用，其实际的利率会更高。

七、 基础函数及应用函数代码

表5－4 基础函数及应用一览表

函数代码	函数名称	函数功能	函数语法
TYPE（Type）	付款时间类型（可选）	付款期间内进行支付的间隔，如在月初或月末。Type 数字0或1，用以指定各期的付款时间在期初还是期末，如果省略 Type，则假设其值为零 Type 值： 0 期末 1 期初	
START PERIOD（Start _ Period）	首期	计算中的首期；付款期数从1开始计数	
END PERIOD（End_ Period）	末期	End _ Period 必需；计算中的末期	
FINANCE RATE（Finance_ Rate）	投资成本	现金流中使用的资金支付的利率	
REINVEST RATE（Reinvest_ Rate）	现金再投资收益率	将现金流再投资的收益率	
GUESS（Guess Value）	估计值（可选）	为函数计算结果的估计值，大多数情况下，并不需要为函数的计算结果提供 Guess 值，如果省略，假设它为0.1	
PER（Period）	期数	用于计算其利息数额的期数，必须在1到 nper 之间	

（续上表）

函数代码	函数名称	函数功能	函数语法
FV（Future Value）	未来值（可选）	在所有付款发生后的投资或贷款的价值。如果省略 fv，则假设其值为零（例如，一笔贷款的未来值即为零）	fv（rate，nper，pmt，[pv]，[type]）
PV（Present Value）	现值	在投资期初的投资或贷款的价值，或一系列未来付款的当前值的累积和，也称为本金	pv（rate，nper，pmt，[fv]，[type]）
PMT（Payment Function）	付款/月供	对于一项投资或贷款的定期支付数额	pmt（rate，nper，pv，[fv]，[type]）
RATE（Discount Rate/Rate）	利率	投资或贷款的利率或贴现率	rate（nper，pmt，pv，[fv]，[type]，[guess]）
NPER（Total Number of Periods）	总付款期数	Nper 为总投资期，即该项投资的付款期总数	nper（rate，pmt，pv，[fv]，[type]）r
VALUES（Values）	现金流数组	数组或单元格的引用，包含用来计算返回的内部收益率的数字	Values 必须包含至少一个正值和一个负值，以计算内部收益率；Dates 中的支付时间相对应的一系列现金流；首期支付是可选的，并与投资开始时的成本或支付有关。如果第一个值是成本或支付，则它必须是负值

（续上表）

函数代码	函数名称	函数功能	函数语法
DATE（Date）	日期表	与现金流支付相对应的支付日期表	日期可按任意顺序排列。第一个支付日期代表支付表的开始，其他日期应迟于该日期
IPMT	用于计算固定一期偿还的利息（等额本息）	基于固定利率及等额分期付款方式，返回给定期数内对投资的利息偿还额	IPMT（rate,per,nper,pv,[fv],[type]）
PPMT	用于计算固定一期偿还的本金	指定在定期定额支付且利率固定的年金的指定期间内的本金偿付额	PPMT（rate,per,nper,pv,[fv],[type]）
ISPMT	用于特定期偿还的利息（等额本金）	计算特定投资期内要支付的利息	ISPMT（rate,per,nper,pv）
CUMIPMT	期间利息额	用于计算一笔贷款在给定的 start_period 到 end_period 期间累计偿还的利息数额	CUMIPMT（rate,nper,pv,start_period,end_period,type）
CUMPRINC	期间本金额	返回一笔贷款在给定的 start_period 到 end_period 期间累计偿还的本金数额	CUMPRINC（rate,nper,pv,start_period,end_period,type）

（续上表）

函数代码	函数名称	函数功能	函数语法
NPV（Net Present Value）	净现值（定期）	使用贴现率和一系列未来支出（负值）和收益（正值）来计算一项投资的净现值。用于计算一组定期现金流的净现值	NPV（rate，value1，[value2]，……）
XNPV	净现值（不定期）	返回一组现金流的净现值，这些现金流不一定定期发生	XNPV（rate，values，dates）
IRR（Internal Rate of Return）	内部收益率	返回由数值代表的一组现金流的内部报酬率	IRR（values，guess）
XIRR	内部收益率（不定期）	返回一组现金流的内部收益率，这些现金流不一定定期发生	XIRR（values，dates，guess）
MIRR（Modified Internal Rate of Return）	修正的内含报酬率	指定一系列修改过的周期性现金流（支出或收入）的内部利率；指在一定贴现率的条件下，将投资项目的未来现金流入量按照一定的贴现率（再投资率）计算至最后一年的终值，再将该投资项目的现金流入量的终值折算为现值，并使现金流入量的现值与投资项目的现金流出量达到价值平衡的贴现率	MIRR（values（），finance_rate，reinvest_rate）

（续上表）

函数代码	函数名称	函数功能	函数语法
EFFECT(Effect_Rate)	有效年利率	利用给定的名义年利率和每年的复利期数，计算有效的年利率	EFFECT(nominal_rate, npery) nominal_rate 为名义利率； Npery 为每年的复利期数
NOMINAL(Nominal_Rate)	名义年利率	基于给定的实际利率和年复利期数，返回名义年利率	NOMINAL(effect_rate, npery) effect_rate 为实际利率； Npery 为每年的复利期数

使用时的注意事项：

（1）应确认所指定的 guess 和 nper 单位的一致性。例如，对于年利率为 12% 的 4 年期贷款，如果按月支付，guess 为 12%/12，nper 为 4×12；如果按年支付，guess 为 12%，nper 为 4。

（2）应确认所指定的 rate 和 nper 单位的一致性。例如，同样是 4 年期年利率为 12% 的贷款，如果按月支付，rate 应为 12%/12，nper 应为 4×12；如果按年支付，rate 应为 12%，nper 为 4。

（3）对所有参数，都以负数代表现金支出（如存款或他人取款），以正数代表现金收入（如股息分红或他人存款）。

（4）Ispmt(rate, per, nper, pv)用于计算等额本金每一期的利息。

例如，设银行贷款 10 000 元，月利率为 0.78%，分 10 期还款，每期还款 1 000 元本金，则：

第一期利息 = ispmt(0.78% ,0,10,10000)

第二期利息 = ispmt(0.78% ,1,10,10000)

（5）Ipmt(rate, per, nper, pv, [fv], [type])用于计算等额本息每一期的利息。

设银行贷款 10 000 元，月利率为 0.78%，分 10 期还款，每期还款 1 000 元本金，则：

第一期利息 = ipmt(0.78% ,1,12,10000)

第二期利息 = ipmt(0.78% ,2,12,10000)

Ispmt 和 Ipmt 的相同之处是用于计算分期当期的利息，区别在于 Ispmt 是等额本金，Ipmt 是等额本息。

（6）Values 数组或单元格的引用，包含用来计算返回的内部收益率的数字。

Values 必须包含至少一个正值和一个负值，以计算内部收益率。

（7）函数 IRR 根据数值的顺序来解释现金流的顺序，故应确定按需要的顺序输入了支付和收入的数值。如果数组或引用包含文本、逻辑值或空白单元格，这些数值将被忽略。

（8）Guess 是对函数 IRR 计算结果的估计值。

Excel 使用迭代法计算函数 IRR：从 guess 开始，函数 IRR 进行循环计算，直至结果的精度达到 0.000 01%。如果函数 IRR 经过 20 次迭代，仍未找到结果，则返回错误值#NUM!。

在大多数情况下，并不需要为函数 IRR 的计算提供 guess 值。如果省略 guess，假设它为 0.1（10%）。

如果函数 IRR 返回错误值#NUM!，或结果没有靠近期望值，可用另一个 guess 值再试一次。

（9）IRR 公式可以适用所有情况，比如先息后本、等额本息等。IRR 的参数并没有绝对日期，只有"一期"的观念。每一期可以是一年、一个月或一天，随使用者自行定义。如果每一格是代表一个"月"的现金流量，那么传回的报酬率就是"月报酬率"；如果每一格是代表一个"年"的现金流量，那么传回的报酬率就是"年报酬率"。

（10）函数 XIRR 要求至少有一个正现金流和一个负现金流，否则函数 XIRR 返回错误值#NUM!。大多数情况下，不必为函数 XIRR 的计算提供 guess 值。如果省略，guess 值假定为 0.1（10%）。

（11）如果 dates 中的任一数值不是有效日期，函数 XIRR 返回错误值#VALUE!。

如果 dates 中的任一数值早于开始日期，函数 XIRR 返回错误值#NUM!。

如果 values 和 dates 所含数值的数目不同，函数 XIRR 返回错误值#NUM!。

（12）Values、dates 中的支付时间相对应一系列现金流。首期支付是可选的，并与投资开始时的成本或支付有关。如果第一个值是成本或支付，则它必须是负值。所有后续支付都基于 365 天/年贴现。数值系列必须至少要包含一个正数和一个负数。

（13）通常 PMT 包括本金和利息，但不包括其他费用或税款。如果省略 PMT，则必须包含 fv 参数。

（14）如果函数 RATE 不收敛，请改 guess 的值。通常当 guess 位于 0 到 1 之间时，函数 RATE 是收敛的。

（15）使用 NPV 函数时要注意各期间的长度必须相等，且各期的支付和收入都发生在期末。

使用 NPV 函数计算投资净现值示例：

假定一项初始投资为 10 000 元，未来 3 年中各年末的收入分别为 3 000 元、4 000 元、8 000 元，每年的贴现率是 5%，求此项投资的净现值。则公式为：= npv(5%,3 000,4 000,8 000)。

若数据已存入表格中，贴现率在 A1，每年的收入在 B1：B3，则公式为：= npv(a1,b1:b3)。

八、还款方式

（一）等额本息

等额本息（Average Capital Plus Interest）是在还款期内，每月偿还同等数额的贷款（包括本金和利息）。

每月还款数额计算公式如下：

$$[贷款本金 \times 月利率 \times (1 + 月利率)^{还款月数}] \div [(1 + 月利率)^{还款月数} - 1]$$

等额本息还款法的利息计算：
等额本息还贷，先算每月还贷本息：

$$BX = a \cdot i (1+i)^N / [(1+i)^N - 1]$$

等额本息还贷第 n 个月还贷本金：

$$B = a \cdot i (1+i)^{n-1} / [(1+i)^N - 1]$$

等额本息还贷第 n 个月还贷利息：

$$X = BX - B = a \cdot i \ (1+i)^N / [(1+i)^N - 1] - a \cdot i \ (1+i)^{n-1} / [(1+i)^N - 1]$$

注，以上公式中：

BX = 等额本息还贷每月所还本金和利息总额

B = 等额本息还贷每月所还本金

a = 贷款总金额

i = 贷款月利率

N = 还贷总月数

n = 第 n 个月

X = 等额本息还贷每月所还的利息

等额本息贷款采用的是复合利率计算。在每期还款的结算时刻，剩余本金所产生的利息要和剩余的本金（贷款余额）一起被计息，也就是说未付的利息也要计息，这好像比"利滚利"还要厉害。在国外，它是公认的适合放贷人利益的贷款方式。等额本息每月的还款额相同，从本质上来说是本金所占比例逐月递增，利息所占比例逐月递减，月还款数不变，即在月供"本金与利息"的分配比例中，前半段时期所还的利息比例大、本金比例小，还款期限过半后逐步转为本金比例大、利息比例小。

等额本息还款法的特点：等额本息还款法本金所占比例逐月递增，利息所占比例逐月递减，月还款数不变；相对于等额本金还款法的劣势在于支出利息较多，还款初期利息占每月供款的大部分，随本金逐渐返还供款中本金比重增加。但该方法每月的还款额固定，可以有计划地控制家庭收入的支出，也便于每个家庭根据自己的收入情况确定还贷能力。

（二）等额本金

等额本金（Average Capital）是指一种贷款的还款方式，是在还款期内把贷款数总额等分，每月偿还同等数额的本金和剩余贷款在该月所产生的利息，这样由于每月的还款本金额固定，而利息越来越少，借款人起初还款压力较大，但是随时间的推移，每月还款数越来越少。

等额本金贷款采用的是简单利率方式计算利息。在每期还款的结算时刻，它只对剩余的本金（贷款余额）计息，也就是说未支付的贷款利息不与未支付的贷款余额一起作利息计算，而只有本金才作利息计算。它是将贷款本金按还款的总月数均分，再加上期剩余本金的利息，这样就形成月还款额。等额本金还款法本金保持相同，利息逐月递减，月还款数递减；由于每月的还款本金额固定，而利息越来越少，贷款人起初还款压力较大，但是随时间的推移，每月还款数越来越少。

与等额本息相比，在贷款期限、金额和利率相同的情况下，在还款初期，等额本金还款方式每月归还的金额要大于等额本息，但在后期每月归还的金额要小于等额本息。即按照整个还款期计算，等额本金还款方式会节省贷款利息的支出。

等额本金贷款计算公式：

每月还款金额 =（贷款本金/还款月数）+（本金－已归还本金累计额）×每月利率

等额本金法最大的特点是每月的还款额不同，呈现逐月递减的状态；它是将贷款本金按还款的总月数均分，再加上期剩余本金的利息，这样就形成月还款额，所以等额本金法第一个月的还款额最多，然后逐月减少，越还越少，计算公式为：

每月还本付息金额 =（本金/还款月数）+（本金－累计已还本金）× 月利率
每月本金 = 总本金/还款月数
每月利息 =（本金－累计已还本金）× 月利率
还款总利息 =（还款月数 + 1）× 贷款额 × 月利率/2
还款总额 =（还款月数 + 1）× 贷款额 × 月利率/2 + 贷款额

注意：在等额本金法中，人们每月归还的本金额始终不变，利息随剩余本金的减少而减少，因而其每月还款额逐渐减少。

（三）等额本息延伸产品

1. 分段式还款

分段式还款是目前汽车金融市场所使用的还贷方式之一，由于办理车贷的主体除了银行之外还有汽车金融公司，它们往往会设计出一些比较特殊的贷款产品来吸引消费者，分段式还款便是上汽通用汽车金融推出的金融产品之一。

和传统的等额还款相比，分段式还款具有更强的灵活性，它能够充分考虑到不同贷款人群的收入特点，巧妙地将贷款分成若干段，不同阶段的还款金额高低不一，使还贷具有缓冲期，在一定程度上缓解了月供压力，也让消费者的理财更为自由。总体而言，分段式还款的特点可概括为以下三点：

①将贷款分成若干段，每段包含数期还款；

②在每个单一的段中，每期还款总额不同；

③贷款期限结束时有三种选择：全额付清尾款；申请 12 个月的展期；二手车置换。

（1）应用举例。

目前分段式还款在通用金融别克雪佛兰年轻人计划中应用较为广泛，以科鲁兹年轻人计划 I 为例：首付25%，贷款期限 24 期，则第 1 期至第 11 期归还本金的 13%，第 12 期即第一年年底归还 15%；随着收入的增加，第二年还款金额随之略为上升：第 13 期至第 23 期归还 29%，第 24 期即第二年年底归还剩余 43% 尾款。

（2）适用人群。

适合现金流波动幅度大而相对规律的人群，如生意人或年终奖较多的职员等。

（3）特点。

灵活弹性的组合，首付款低、月供较少，不影响正常开销和生活品质。

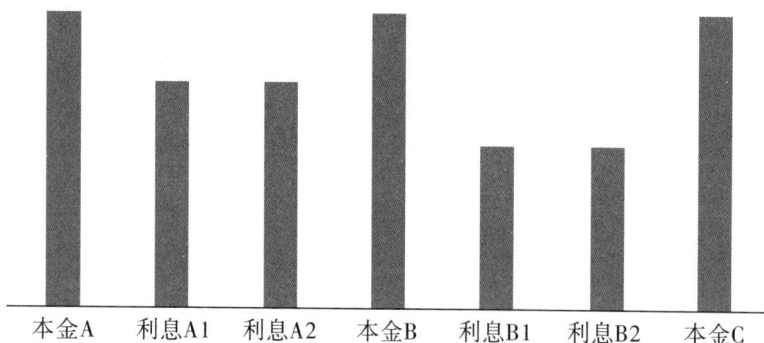

图 5-1　分段式还款示意图

2. 跳跃贷：高低月供、集中还款

高低月供组合，可任意指定一年内某个月份偿还高月供。首付比例最低为30%；贷款期限可选24、36、48、60个月。

表5-5 不同贷款方式比较

贷款方式		首付比例	贷款期限	尾付比例
等额本息贷款		20%	6~60个月	无尾款
轻松融资贷款		20%、30%、50%	12、24、36个月	30%~60%
灵活融资贷款	跳跃贷	30%	24、36、48、60个月	无尾款
	无本贷	30%	24、36、48、60个月	无尾款

（1）适用人群。

收入稳定，年中有固定收益，但平时消费比较高，想降低月供压力的客户；欲持有更多资金消费、投资或以备不时之需，希望月供低的客户；现金流不稳定，但每年有若干次收入流较高的客户。

（2）灵活首付：比例任意定制。

随着消费理念的升级，汽车贷款消费的人数正在逐年递增。例如全新换代凯美瑞推出的专属金融产品，打破了固定比例限制，规定首付比例可以是30%~70%的任意值。也就是说，车主可以根据自己的经济状况，自由选择首付比例，不受现金流的限制。另外，广汽丰田还推出了置换全新换代凯美瑞"零首付"活动。客户可以选择将置换的费用直接作为新车的首付款，既可以享受旧车置换的便利性，又可以轻松把全新换代凯美瑞开回家。

（3）灵活月供：低至3 000元。

在月供方面，全新换代凯美瑞"随心贷"产品，能通过提高尾款比例（30%~60%），让车主享受到超低的月供。以市场指导价17.98万元的全新换代凯美瑞入门级为例，如果首付选择比例30%，尾款选择比例30%，申请3年还款期，那么就只需用首付5.4万元、月供3 000元，轻松实现"全新换代凯美瑞之梦"。

值得一提的是，"跳跃贷"产品除了首付比例在30%以上自由选择，部分产品贷款期可长达60个月，还款方式可根据客户自身需要，选择每年在哪个固定的月份偿还高月供、其他月份享受超低月供，充分考虑到不同

财务特征消费者的需要。

（4）灵活尾款：实现超长还款期限。

在尾款处理方式上，广汽丰田还为广大车主提供了多种弹性选择方案。客户既可选择一次性偿清尾款，也可以对尾款再申请为期 12 个月的二次贷款，降低还款压力，甚至还可将汽车按照保值的二手车价格回售给经销店折抵尾款。

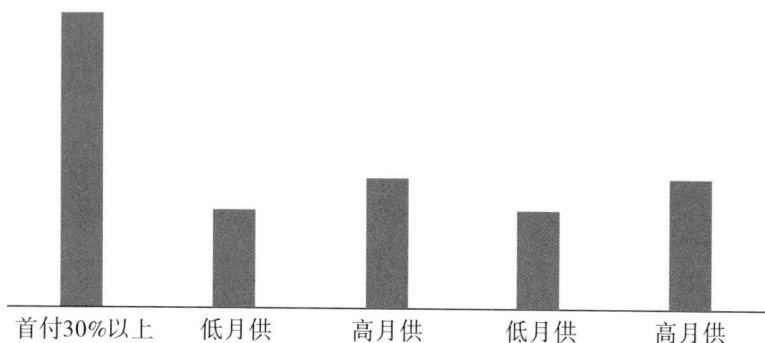

图 5-2　跳跃贷还款示意图

3. 无本贷

低首付，还款组合灵活。

4. 结构性贷款

前半年只需要支付利息，缓解资金压力。

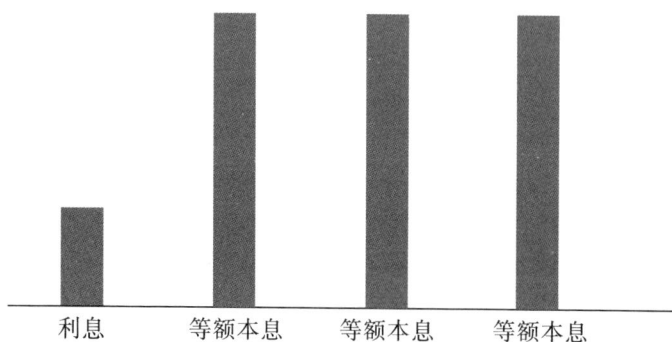

图 5-3　结构性贷款还款示意图

5. 无忧智慧贷款

无忧智慧贷款是一种独特的汽车贷款还款方式，俗称"贷一半，付一半"或"5050"；车价的 50% 作为首付款，剩余的 50% 一年之后才需归还。一年期内，每月只需支付极少的利息作为月供，一年期满时，购车者可选择全额付清尾款或再申请将尾款做 12 个月的分期展期，也可进行二手车置换。

无忧智慧贷款的月供与一般智慧贷款相比更低，适合有一定积蓄，现金流有较大波动情况的人群。付 50% 的首付款后，就可将车开回家。剩余的购车资金可以进行投资，投资回报可能远远大于车贷利息支出。这种方式尤其适合个体业主或私营老板，以及那些收入不稳定但有用车需求的人群。

6. 气球贷

气球贷（Balloon Loan）是一个形象的名称。这种贷款前期每期还款金额较小，但在贷款到期日还款金额较大，"前小后大"，像是一个气球的样子，所以就直接命名为"气球贷"，是国外流行的一种贷款方式。

气球贷是针对那些计划中短期持有贷款的客户设计的，既为其提供了一个较短的贷款期限，又以一个较长的期限来计算月供，减轻前期还款压力。同时，由于贷款期限短，相应的贷款利率也低。

（1）气球贷的特点主要有三点：

①"短贷低供"，前期每期还款压力较小。

②利率较低。由于气球贷的贷款期限较短，其对应的贷款利率较低，从而能够节省贷款利息。

③如果还款记录好，气球贷到期后可安排再融资。

（2）气球贷的特殊优势：

①月供压力小，贷款更轻松。通过气球贷，可以选择一个较短的贷款期限（3 年、5 年），但以较长的期限来计算月供，每月还款压力自然减少，实现轻松还贷。

②还贷期限短。由于气球贷的期限较短，可以享受对应的较低贷款利率。

③信用记录好，到期续贷可安心贷款。到期后，如果确实需要可再融资，并且还款记录良好，银行将提供再融资服务。

九、 资金成本

资金成本（Cost of Funds）是为取得资金使用权所支付的费用，项目投资后所获利润额必须能够补偿资金成本，然后才能有利可言。因此，基准收益率最低限度不应小于资金成本，否则便无利可图。投资的机会成本是指投资者将有限的资金用于除拟建项目以外的其他投资机会所能获得的最好收益。

资金成本包括资金筹集费用和资金占用费用两部分。资金筹集费用指资金筹集过程中支付的各种费用，如发行股票、发行债券支付的印刷费、律师费、公证费、担保费及广告宣传费。需要注意的是，企业发行股票和债券时，支付给发行公司的手续费不作为企业筹集费用。因为此手续费并未通过企业会计账务处理，企业是按发行价格扣除发行手续费后的净额入账的。资金占用费用是指占用他人资金应支付的费用，或者说是资金所有者凭借其对资金所有权向资金使用者索取的报酬。如股东的股息、红利、债券及银行借款支付的利息。

所以，简单来说，资金成本就是企业筹集和使用资金所付出的成本。每一笔资本都有其特定的资金成本。例如，利用债券筹资必须支付相应的利息，利息支付可以是固定利率的，也可以是变动利率的；股票筹资必须支付相关股利，且大多数情况下，投资者的资本收益预期会随着股票的市场价值变化而变化。

资金成本在现代企业中是关系到企业筹资决策和投资决策的重要问题。资金成本在企业筹资决策中的作用表现为：资金成本是影响企业筹资总额的重要因素，是企业选择资金来源的主要依据，是企业选择筹资方式的参考标准，是确定最优资金结构的主要参考。

资金成本在企业投资决策中的作用表现为：资金成本可作为项目投资的折现率，是投资项目的基准收益率。与此同时，资金成本是评定企业经营成果的依据，凡是企业的实际投资收益率低于这个水平的，则应认为是经营不利，这也是向企业经营者发出了信号，企业必须改善经营管理，提高经济效益。

十、万元系数

贷款万元系数其实就是一个还款系数，指的是贷款 1 万元，每个月所要还的月供是多少，而这个数就是还款系数（表 5 - 6 为参考数据）。它的用途主要是为购房者按揭贷款时提供参考依据，现在也成为汽车金融行业参考价格的一个重要参数。

表5-6 万元月供系数

（单位：元）

车类	当前执行利率（年化利率）	12 期	18 期	24 期	30 期	36 期
新车	13.88%	897.3	618.6	479.6	396.4	341.2
二手车	15.88%	906.7	628.0	489.1	406.0	351.0
LCV	14.88%	902.0	623.3	484.3	401.2	346.1

在等额本息偿付方式下：

每1万元贷款的月供系数 = 月利率 × POWER(1 + 月利率, 按揭月数) / [POWER(1 + 月利率, 按揭月数) - 1] × 10 000 × 0.9

每贷款1万元月供 = 1万元 × 月利率 × (1 + 月利率)^{贷款月数} / [(1 + 月利率)^{贷款月数} - 1]

每期应还款额 = [借款本金 × 月预期年化利率 × (1 + 月预期年化利率) × 还款期数] / [(1 + 月预期年化利率) × 还款期数 - 1]

表5-7 假设贷款10 000元的还款示例（数据虚构）

金融产品		期限	月还款系数（元）
普通信贷	等额本息	6 个月	1 730.71
		12 个月	893.44
		18 个月	609.15
		24 个月	470.06
		36 个月	331.46
		48 个月	268.55
		60 个月	268.55
轻松信贷	5-1-5	12 月（2~11 期）	108.80
	4-2-4	24 月（2~23 期）	228.60
	3-3-3	36 月（2~35 期）	236.25

十一、 产品计算器（贷款月供计算器）

产品计算器主要用于贷款月供的计算，以方便客户通过选择还款方式、贷款金额、贷款期限等字段，根据设置好的产品的利率，计算出月供及还款信息，同时便于客户选择更加适合还款月供的金融产品。

由于汽车贷款的还款方式相对于房贷来说更加灵活多变，所以为了满足计算汽车贷款的要求，会有针对汽车金融产品专门的计算器。汽车贷款计算器就是专门用于计算汽车贷款月供的计算器，可根据不同的还款方式与还款年限计算出不同的还款金额。银行、汽车金融公司、融资租赁公司等各家的计算器也各不相同，但是其包含的基本信息和使用目的都是一样的。使用者一般为4S店、车行、代理商的销售人员，使用场景一般在与客户确定产品和月供时，方便销售人员推荐以及客户选择适合自己的产品。

产品计算器包含了两大块内容输入栏位（包含可修改、选择项）、输出栏位（包含月供、还款计划表）。特殊的产品需要增加说明，以便说明各费用项公式。

表5-8　产品计算器输入栏项目一览

车辆类型	根据各公司业务不同选择车型，一般分为新车、二手车、LCV等
产品名称	主要根据公司产品结构中的不同产品名称进行选择
产品价格	产品价格一般会根据产品名称自动带出。部分公司根据地域，设置不同的产品价格，或者一个产品有多档的价格，都需要进行选择；产品价格建议只显示代码或者价格档位，不建议显示利率
车辆售价	新车的车辆售价为实际车辆成交价格，需与发票金额保持一致；二手车的车辆售价为二手车评估价
首付比例	产品名称的选择会限定首付比例范围，在产品首付比例范围内选择相应的首付
期数	期数也需要根据产品的设定进行选择
客户月费率	客户月费率是根据公司的产品利率进行的折算（如0.75%，就是我们通常说的七厘五毫）
可融项目费用	包含了所有产品加融的费用项，例如保险、购置税、其他费用项等

表5-9 产品计算器输出栏项目一览表

贷款总额	贷款总额＝车辆售价×（1－首付比例）＋加融项目费用
首付金额	首付金额＝车辆售价×首付比例
月供/日供	根据产品选择的还款方式及选择栏目信息，计算出月供
还款计划表	包含了剩余本金和利息的拆分，可以详细看到每个月的具体金额和还款方式

表5-10 汽车贷款月供计算表示例（数据虚构）

车辆贷款金额	10 000 元
加融项目金额	0 元
贷款利率	13.88%
贷款期数	30 元
平台费总额	400 元
月平台费	15.86 元
月供金额	396.41 元
月应还金额	412.27 元

表5-11 汽车贷款计算器示例（数据虚构）

数据输入区	
车辆类型	二手车
档位	B 档
车辆售价	85 400 元
首付比例	33%
期数	12
客户月费率	0.75%
服务费	0 元

（续上表）

数据输出区	
首付金额	28 370 元
贷款金额	58 710.12 元
月供金额	5 330.83 元

等额本息还款法和等额本金还款法是现在银行最常用的两种中长期贷款还款方法。等额本息还款法即等额利息优先还款法，是指每期应还的金额相同，每期应还的利息按剩余本金重新计算的一种等额还款法。等额本金还款法是指客户每期偿还等额本金，同时付清本期应付的贷款利息的一种还款方式。

（1）等额本息计算方式。

计算原则：银行从每月月供款中，先收剩余本金利息，后收本金；利息在月供款中的比例中随剩余本金的减少而降低，本金在月供款中的比例因增加而升高，但月供总额保持不变。

（2）等额本金计算公式：

每月还款额 = 每月本金 + 每月本息
每月本金 = 本金/还款月数
每月本息 = （本金 - 累计还款总额）× 月利率

计算原则：每月归还的本金额始终不变，利息会随剩余本金的减少而减少。

以上公式中：
①本金：贷款总额；
②还款月数：贷款年限×12，例如，贷款 10 年，还款月数就是 10 × 12 = 120 个月；
③月利率：年利率/12。

十二、 定价测算逻辑

定价，是金融产品设计中最重要的一个环节，决定了产品的盈利空间以及在市场中的竞争优势。

测算的目的一方面便于确定适合的价格，另一方面是对公司自身的利润空间有清楚的认识。测算的逻辑依照业务类型（直租、售后回租、车抵贷等）的性质不同，测算逻辑各不相同，但是大致的逻辑是一致的。

首先弄清楚以下几个财务的概念：

1. **毛利润 = 收入 - 成本**

毛利润（销售毛利）是商业企业商品销售收入（售价）减去商品原进价后的余额。净利的对称，又称商品进销差价。因其尚未减去商品流通费和税金，还不是净利，故称毛利润。

商品流通企业计算公式：

毛利润 = 不含税售价 - 不含税进价

生产制造企业计算公式：

毛利润 = 产品销售收入（不含税） - 相应产品销售时实际成本（即财务报表中的主营业务成本）

2. **毛利率 = 毛利润/营业收入 × 100% = （主营业务收入 - 主营业务成本）/主营业务收入 × 100%**

毛利率（Gross Profit Margin）是毛利润与销售收入（或营业收入）的百分比，其中毛利润是收入和与收入相对应的营业成本之间的差额。

3. **营业利润 = 营业收入 - 营业成本 - 主营业税金及附加 - 销售费用 - 管理费用 - 财务费用 + 投资净收益 + 公允价值变动净收益 - 资产减值损失**

营业利润是企业利润的主要来源。它是指企业在销售商品、提供劳务等日常活动中所产生的利润。其内容为主营业务利润和其他业务利润扣除期间费用之后的余额。

4. **利润总额 = 营业利润 + 营业外收入 - 营业外支出**

利润总额是一家公司在营业收入中扣除成本消耗及营业税后的剩余，这就是人们通常所说的盈利。

5. **净利润 = 利润总额 - 所得税费用 = 利润总额 × （1 - 所得税率）**

净利润（收益）是指在利润总额中按规定交纳了所得税后公司的利润留成，一般也称为税后利润或净收入。净利润是一个企业经营的最终成果：净利润多，企业的经营效益就好；净利润少，企业的经营效益就差。它是衡量一个企业经营效益的主要指标。

6. 净利润率 = 净利润/主营业务收入 × 100%

净利润率是指经营所得的净利润占销货净额的百分比，或占投入资本额的百分比。

7. 权益报酬率 = (税后利润 - 优先股股息)/股东权益 × 100%

权益报酬率（Return on Stockholders' Equity，ROE）又称为净值报酬率，指普通股投资者获得的投资报酬率。

股东权益报酬率表明普通股投资者委托公司管理人员应用其资金所获得的投资报酬，所以数值越大越好。

8. 资产回报率 = 税后净利润/总资产回报率

资产回报率（Return on Assets，ROA）也叫资产收益率，一般以百分比表示。它是用来衡量每单位资产创造多少净利润的指标。资产回报率是业界应用最为广泛的衡量银行盈利能力的指标之一，也是评估公司相对其总资产值的盈利能力的有用指标。

第一种计算方式：

资产回报率 = 净利润/平均资产总额 × 100%

资产回报率 = (利润总额 + 利息支出)/资产总额 × 100%

资产回报率指标将资产负债表、损益表中的相关信息有机结合起来，是银行运用其全部资金获取利润能力的集中体现。

第二种计算方式：

资产回报率 = 净利润率 × 资产利用率

其中：

净利润率 = 税后净收入/营业总收入

资产利用率 = 营业总收入/资产总额 = (主营业务收入 + 非主营业务收入)/资产总额

净资产收益率 = 净利润/平均净资产 = (息税前利润 - 负债 × 负债利息率) × (1 - 所得税率)/平均净资产

9. 投资回报率（ROI）= 年利润或年均利润/投资总额×100%

投资回报率（Return on Investment，ROI），是指达产期正常年度利润或年均利润占投资总额的百分比。投资回报率的优点是计算简单，缺点是没有考虑资金时间价值因素，不能正确反映建设期长短、投资方式不同、回收额的有无等条件对项目的影响，以及分子、分母计算口径的可比性较差，无法直接利用净现金流量信息。只有投资利润率指标大于或等于无风险投资利润率的投资项目才具有财务可行性。ROI 往往具有时效性，即回报通常是基于某些特定年份。ROI 也指通过投资而应返回的价值，即企业从一项投资活动中得到的经济回报。

假设所有的业务模式、流程、收取方式已定，我们需要先假定一个价格，根据此价格算出利润，然后进行调整。

（一）售后回租

表 5－12　假设条件

项目	说明
产品名称	产品名称对应相应的产品利率
平均车辆售价	历史的平均车辆售价
首付比例/保证金	选择客户选择最多的比例
其他费用项（包含 GPS、其他管理费等）	假定值
平均融资额	如有其他可融项目，计算应包含
期限	历史的选择比例最高期限
产品利率（EIR）	先设为假定值
坏账计提/坏账损失	风控部门提供历史数据做参考
服务费支出（返佣比例）	如有返佣或服务费，假定比例值
资金成本率	资金成本比例，财务提供固定值
税金及附加	企业经营活动应负担的相关税费，包括消费税、城市维护建设税、教育费附加、资源税、房产税、城镇土地使用税、车船税、印花税等费附加

表 5 – 13　收入项

主营业务收入/管理费收入（利息收入）	根据产品利润计算的收入
其他费用收入	如产品有拆分其他费用项，需要加上此项收入
其他营业外收入（包含 GPS、保险等）	其他产品附加收入
总收入	所有收入项总和

表 5 – 14　成本项

资金成本	根据资金比例算出的成本
坏账成本	根据坏账比例算出的假设损失金额
服务费/佣金成本	根据服务费或佣金比例算出的成本
其他费用成本（包含 GPS、保险等）	其他营业外的成本项
管理费用	包括员工薪水等
销售成本/营销成本	包括销售佣金及薪水等
总成本	所有成本项总和

表 5 – 15　结果项

毛利润	毛利润＝营业收入（包括其他业务收入）－营业成本（包括其他业务成本）－主营业务税金及附加
利润总额	利润总额＝营业利润＋营业外收入－营业外支出
净利润	净利润＝利润总额－所得税费用
毛利率	毛利率＝毛利润/营业收入×100%
净利润率	净利润率＝净利润/主营业务收入×100%

　　需要注意的是，所有的收入项以及成本项需要计算不含税的销售价格。例如一般纳税人：

　　不含税销售价＝含税销售价/1.06

增值税 = 不含税销售价 × 税率

城建税 = 增值税 × 7%

教育费附加 = 增值税 × 3%

地方教育费附加 = 增值税 × 2%

堤围费 = 不含税销售价 × 0.1%

含税销售价 + 城建税 + 教育费附加 + 地方教育费附加 = 不含税销售价 × (1 + 税率) + 不含税销售价 × 税率 × (7% + 3% + 2%) = 不含税销售价 × (1 + 6% + 6% × 12%) = 不含税销售价 × 1.067 2

(二) 正租

1. 传统模式

表 5 - 16　正租传统模式费用

市场指导价	车辆的厂商指导价格
折扣	车辆的采购折扣
采购价格	采购价格 = 市场指导价 × 折扣比例
其他费用成本项	包含了车辆的购置税、上牌费、保险、GPS、保养、物流费用等
总成本	总成本 = 采购价格 + 其他费用
月供	需要先假定月供值
服务费支出（返佣比例）	如有返佣或服务费，假定比例值
资金成本率	资金成本比例，财务提供固定值
税金及附加	即企业经营活动应负担的相关税费，包括消费税、城市维护建设税、教育费附加、资源税、房产税、城镇土地使用税、车船税、印花税等费附加

2. "1 + 3" 模式

正租的 "1 + 3" 模式，给予客户一年的考虑期限，并且在第一年租车周期结束之后可以有三种选择：退车、一次性结清（付尾款）、转售后回租。

因此在定价测算的时候需要分三个阶段，还车、一次性结清、转售后回租的产品的月供是在营销的时候就固定显示给客户。具体示例见表 5-17：

表 5-17　示例（数据虚构）

车型	某品牌 1.6L 经典版	
车船税	420 元	
交强险	1 000 元	
商业险	4 662 元	
GPS	1 015 元	
总成本	89 248 元	
首付	10 100 元	20 400 元
第一年月供	2 088 元	1 155 元
一次性尾款	68 000 元	68 000 元
后三年月利率	0.688%	0.688%
月供	2 499 元	2 499 元

需要注意的是，第一年月供假定之后，要增加残值的栏位（预估车辆一年到期之后的残值），此残值用于客户选择第三种方案的售后回租产品中的贷款金额做测算。坏账计提在正租和售后回租业务中不同，也会有差异。正租产品转售后回租的方案中的利率设置也为假定值，需要重新设置测算。

（三）车抵贷

车抵贷业务一般是由线下门店和人员管理的，是重资产的业务模式，因此需要增加成本项例如租金、管理人员等费用。另外，车抵贷业务除了要做定价之外的测算，还需要预估合同数量，以便测算门店的运营能力以及盈利周期。

抵押类贷款分为质押和抵押，还有中短期产品（1~3 个月），因此在考虑测算和定价的时候需要根据业务性质以及时间周期进行各项费用的调整（如表 5-18 所示）。

表 5 – 18　各项费用调整清单

收益费用项目	销量占比
	合同数量
	合同金额
	平均单价
	到账金额
	年化金额
	期限（月）
	利率（月）
	风险比率
	资金成本（月平均）
	……
收入	息费收入
	杂费收入
	违约金收入
	滞纳金收入
成本	业务提成支出
	融资成本
	风险成本
利润	利润总额
	毛利率
	平均毛利率

表 5 - 19　净利润计算项目

销售收入
－ 销售成本
－ 营业税金额及附加
毛利润
－ 营业费用
营业净收入
＋其他费用
－ 其他费用
税前利润
－ 所得税
净利润

产品成本的定价看似简单，其实不然。每个公司根据运营情况，以不同的方法来分摊成本，特别是针对固定成本和变动成本。金融公司的产品性质决定了其不同于生产性的企业，变动成本费用较多，固定成本费用多就决定了可调整空间小。但是我们还是可以通过边际收益来实现调整，从而计算贡献利润，具体如表 5 - 20 所示。

表 5 - 20　贡献利润计算

利润		贡献利润	
销售收入 － 销售成本		销售收入 － 可变费用	
			－ 可变管理费用
－ 营业税金额及附加			－ 可变销售费用
			－ 营业税金及附加
毛利润		边际收益	
－ 营业费用		－ 固定费用	
	－ 管理费用		－ 固定管理费用
	－ 销售费用		－ 固定销售费用
税前利润		税前利润	

　　根据边际收益可以了解价格的变动对收支平衡的影响以及对实现利润目标所需要达到的销量进行预估。如要考虑调整价格，一定要了解收支平衡所需销量的临界点，以及此价格在市场中的位置，是否有价格吸引力或者优势。

十三、　设计开发风险点

　　产品开发设计看似容易，实则有很多隐形风险，我们将其叫作产品风险，与风控部门的风险系数强相关。一般认为，与风控部门相关的只有产品政策，其实产品政策只是产品组成的一部分，当然政策的影响也是不容忽视的，但是真正有影响的风险点有以下几大类：

（一）首付比例

　　市场上"零首付"和"负首付"产品屡见不鲜，各家都在比拼各自的优势。车行端、SP端、客户端都一致认为首付比例越低越好，首付比例越低，客户越容易接受，产品越好卖。但是，产品的首付比例是产品的底线或者说最后防线。同时，选择低首付的客户群体质量存在很多隐患。因此做产品的首要原则是不做"零首付"或"低首付"产品。

1.　加融项目比例设置

　　银行和汽车金融公司由于银监会的监管，不可加融项目，但是融资租赁或者担保公司在2018年之前一直放开加融项目，比例也越来越高。不同公司对于加融项目的比例的设置规则和逻辑也各不相同，很多是整体设置加融项目，例如：

　　（1）针对新车：

　　车价≤10万元，加融部分（保险＋购置税＋车船税）不超过车价的20%

　　车价＞10万元，加融部分（保险＋购置税＋车船税）不超过车价的15%

　　（2）针对二手车：

　　车价≤10万元，加融部分（保险＋车船税）不超过车价的10%

车价 >10 万元，加融部分（保险 + 车船税）不超过车价的 5%

以车辆融资额计算首付比例，加融部分包含：GPS 费用、保险、购置税、车船税。

有些是单独设置加融项目比例，例如：

购置税 ≤［车辆售价/(1 +17%)］×10%，且 ≤12 000

保险费 ≤车辆售价×4.5%，且 ≤7 000

管理费 ≤（车辆融资金额 + 购置税 + 保险金额）×10%，且 ≤10 000

表 5 - 21 列出了不同角度下的首付比例计算方式。

表 5 - 21　首付比例计算

首付比例的角度	计算公式
客户角度	首付金额/车辆售价
审批角度	首付金额/贷款金额 = 首付金额/（车辆融资金额 + 融资项目）
纯粹公司角度	（车辆售价 - 贷款金额）/车辆售价 = （首付金额 - 融资项目）/车辆售价 = （首付金额 - 保险 - 购置税 - 账户管理费）/车辆售价
客户 + 公司角度	（首付金额 - 保险 - 购置税）/车辆售价
放款的角度（只减产品设计人员收的 GPS）	（车辆售价 - 放款金额）/车辆售价 = （车辆售价 - 贷款金额 + GPS 金额 - GPS 安装费 + 平台服务费）/车辆售价 = （首付金额 - GPS 安装费 - 保险 - 购置税 - 账户管理费 - 平台服务费）/车辆售价
放款的角度（减全额 GPS）	（车辆售价 - 放款金额）/车辆售价 = （车辆售价 - 贷款金额 + GPS 金额）/车辆售价

2. 对首付比例以及加融项目的检测

（1）整体比例。

按照公式中的比例计算，例如加融项总金额 ≤裸车价×17%

以 80 000 元为例，加融项总金额 ≤80 000 ×17% = 13 600

因此首付比例如果不能为零，一定是 ≥17%，一般在 20% 以上。

整体比例的优势是方便计算，并且可在系统设置公式和上限比例限制。针对可融项目的每一项都可以灵活分配，可操作空间和权限也更大。

（2）单项比例。

例如：

购置税 ≤［车辆售价/（1 + 17%）］× 10%，且 ≤12 000
保险费 ≤ 车辆售价 × 4.5%，且 ≤7 000
管理费 ≤（车辆融资金额 + 购置税 + 保险金额）× 10%，且 ≤10 000

单项比例的设置一般除了比例还要设置金额上限，另外针对每一项比例的设置，优势是可操作空间小，但是在系统设置的时候难度较大，也不方便计算。

公司可根据自己的风控政策以及战略方向选择整体或单项比例的设置，表 5 – 22 仅供参考。

表 5 – 22　首付比例检测表

产品名称	A	A
GPS 下限（元）	800	800
GPS 上限（元）	5 000	5 000
保险融资比例	5%	0
保险融资上限（元）	7 000	0
管理费融资比例	10%	5%
管理费融资上限（元）	10 000	10 000
购置税融资比例	0	0
购置税融资上限（元）	0	0
车型	二手车	二手车
首付比例	30%	25%
贷款期数	36	36

（续上表）

车辆售价（元）	30 303	31 746
车辆融资金融（元）	21 212	23 810
贷款金额（元）	30 000	30 000
GPS（元）	5 000	5 000
保险（元）	1 515	0
购置税（元）	0	0
管理费（元）	2 273	1 190
平台服务费（元）	0	0
GPS 安装费（元）	1 200	1 200
公司角度	1.00%	5.50%
放款角度	4.96%	9.28%
审批角度	30.30%	26.46%

（二）金融产品的设计原则

在现实情况下，加融后实际利率过高会导致很多坏账和恶性催收的问题。因此，所有金融产品的设计首先必须在监管要求范围内进行，一定不能违反监管机构的规则。根据金融监管机构的变化或规则的变化，及时对金融产品的设计进行调整，确保在规则范围内进行产品设计。这个是最重要的前提。

2018 年 4 月起，原先归属商务部管理的典当行、融资租赁公司、商业保理公司等转为由中国银行保险监督管理委员会管理。中国银行保险监督管理委员会指定具体的经营规则和监督规则，具体监管由地方金融局负责。具体规则参考 2020 年 1 月 8 日下发的《融资租赁公司监督管理暂行办法（征求意见稿）》。

另外，银保监会对商业银行提出" 七不准，四公开，两禁两限"的规定。

（1）七不准：

①不准以贷转存（强制设定条款或协商约定将部分贷款转为存款）；

②不准存贷挂钩（以存款作为审批和发放贷款的前提条件）；

③不准以贷收费（要求客户接受不合理中间业务或其他金融服务而收取费用）；

④不准浮利分费（将利息分解为费用收取，变相提高利率）；

⑤不准借贷搭售（强制捆绑搭售理财、保险、基金等产品）；

⑥不准一浮到顶（笼统地将贷款利率上浮至最高限额）；

⑦不准转嫁成本（将经营成本以费用形式转嫁给客户）。

（2）四公开：

①收费项目公开；

②服务质价公开；

③优惠政策公开；

④效用功能公开。

（3）两禁两限：

除银团贷款外，商业银行不得对小型微型企业贷款收取承诺费、资金管理费，严格限制对小型微型企业收取财务顾问费、咨询费等费用。

具体请参照《关于整治银行业金融机构不规范经营问题的通知》（银监发〔2012〕3号）文件。

系统配置和操作 第六章

　　汽车金融行业的系统供应商很多，但是大部分是由银行、消费金融领域的系统转移到汽车金融领域，因此专业性高的系统并不多，汽车金融公司一般都是外购国际通用系统（例如 Netsol）。随着汽车金融行业的迅猛发展，目前汽车金融专业的系统也越来越多，很多创业团队、融资租赁公司、第三方机构都开始进入汽车金融的系统开发领域，自主开发的系统也越来越多。但是由于汽车金融的模式、业务流程、资金来源等各家差异非常大，所以在买卖市场中，没有一家可以直接将别家系统复制后进行应用。因此各家的系统架构和配置的规则都各不相同。

　　目前我们只讨论产品配置部分，大体上可以将其总结为几大类：产品分类、产品基础信息、产品费用项配置、利率配置、相关限制项配置（政策相关）。具体见表6-1。

表6-1　产品配置分类

产品分类	根据公司业务模式、产品类型以及产品架构的分类进行区分
产品基础信息	包含了产品名称、期数、首付比例等产品基础项目的设置
产品费用项配置	包含除了利率/费用项目以外的所有费用项目的配置；例如有可融项目的费用配置、提前还款、罚息等费用的配置
利率配置	一般包含产品的价格即利率/费用项目的配置，以及月供等的计算方式的配置
相关限制项配置	针对产品政策中设置的上限或者金额等栏位进行的设置，以便于系统自动校验

　　以上是产品配置的几个大的模块，各家公司根据自己的系统可能会有所拆分并组织不同的架构，但是所需要配置的内容相差不会太大。

　　接下来，我们主要介绍系统配置测试的流程。

　　一般系统配置会在测试环境先配置好，确认无误后再在生产环境中进行配置。

　　产品的配置会直接影响收费和前端进件，因此在流程的设计上需要确保完成结果是零误差。

产品配置及测试流程

产品部A测试环境配置

产品部B测试环境复核

IT部门测试环境复核

产品部A生产环境配置

产品部B生产环境配置

IT部门生产环境复核

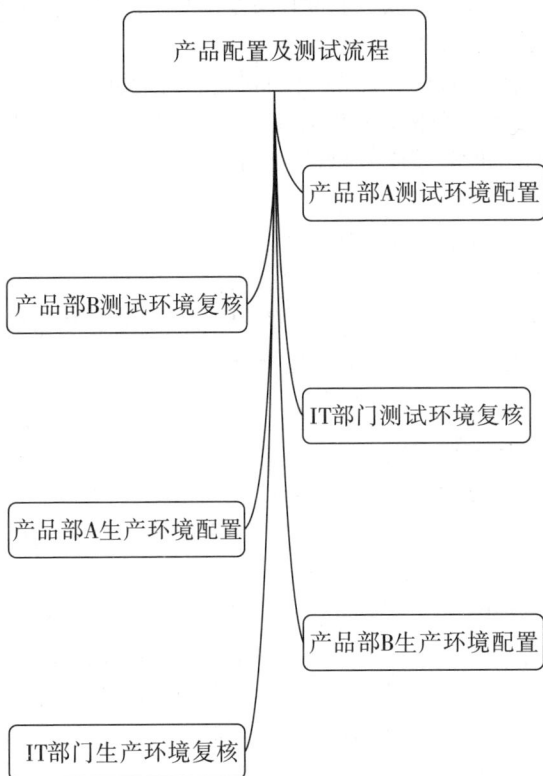

图6-1 产品配置及测试流程

如图6-1所示，产品配置和测试的流程一定是遵循测试及生产都要双人复核的原则，以及跨部门复核的原则。双人复核可以降低操作性的失误。跨部门复核时一定要有IT部门参与，这是因为对于系统的底层架构以及费用项的计算逻辑只有IT人员才清楚，只有跨部门的复核才能确保系统的基础计算逻辑没有进行过更改，避免结果上出现误差。

一、 操作中可能会遇到的问题及解决方法

（一）利率误差

产品测算时设置的小数位与系统设置的小数位不同，可能会导致结果的误差不同，但是从财务和合规性来看，所有系统的金额、发票的金额、

合同的金额都必须保持一致，不得有误差，所以首先在测算和系统配置的结果上必须保持统一的小数位。

另外还有利率的拆分。有的时候利率会拆分为好几项不同的费用，录入系统也会有一个利率和拆分后的几个费用项因为四舍五入而导致误差，所以我们在拆分的时候就应该和系统的计算逻辑保持一致，包含四舍五入的规则。

其实除了利率项目，所有涉及的费用项目必须与系统的计算逻辑保持一致，这个需要通过系统的配置和测试来进行反复的验证，因此产品人员需要跟 IT 部门的人员保持密切的沟通，并且将计算逻辑细致化、统一化，以便于沟通的时候不会因为语言问题导致误差。

（二）字段名称不一致

由于产品配置项比较多和杂，如果在不同的栏位配置各种不同的字段，就需要系统配置中的字段和产品介绍中的字段是一致的，并且字段的名称以及计算规则都要统一，例如贷款金额和融资金额，如果一个在产品介绍中应用，一个在系统中应用，那么就容易导致混淆不清、计算错误等问题，因此所有的字段都必须在系统和产品应用中保持名称以及含义、计算规则一致。

以上案例都统一在介绍或系统中叫融资金额，并且需要将融资金额的公式计算规则在系统后台和产品应用中都标明。

（三）车辆融资金额、总融资金额混淆

车辆融资金额是根据车辆售价（或者评估价）以及首付比例计算的。

车辆融资金额 = 车辆售价 × (1 − 首付比例)
总融资金额 = 车辆融资金额 + 可融项目

所以总融资金额 ≥ 车辆融资金额，且当可融项目 = 0 时，两者一致；当可融项目 > 0 时，总融资金额高于车辆融资金额。

并且，一般可融项目都有上限的比例和金额设置，因此总融资金额高于车辆融资金额也是在一定范围之内。

所以在系统配置的时候容易混淆两者概念，另外计算公式如不清晰也会导致系统结果有误。一般可融项目下的产品，系统会增加这两者的字段和栏位进行区分，这样才能一目了然，避免造成计算错误。

（四） 实际放款金额与总融资金额不一致

实际放款金额与总融资金额不一致在一定情况下是正常的，例如实际放款金额需要扣除公司收费项或成本项，那么实际放款金额是小于总融资金额的。这需要在系统设置之前与 IT 人员确定实际放款金额的逻辑。如果根据产品的不同，实际放款金额的逻辑不同，则需要单独设置规则，将计算公式和规则沟通清楚。因为实际放款金额可以选择放款给客户或商户，而一般钱放出去就很难收回，导致的损失也难以收回。所以，需要特别注意实际放款金额项目的逻辑是否随着产品、业务的变化有所更改，同时也需要与 IT 部门人员紧密沟通，确保 IT 系统的变更不影响此栏位的结果。

二、 配置系统操作图解

1. 新增产品

（1）进入"融资租赁"界面，点击"新增产品"，填写产品类型、产品名称，选择产品起始日期、产品到期日期、产品状态。

（2）新增的产品状态选择"启用"。

（3）点击"保存"，进入详细产品配置界面。

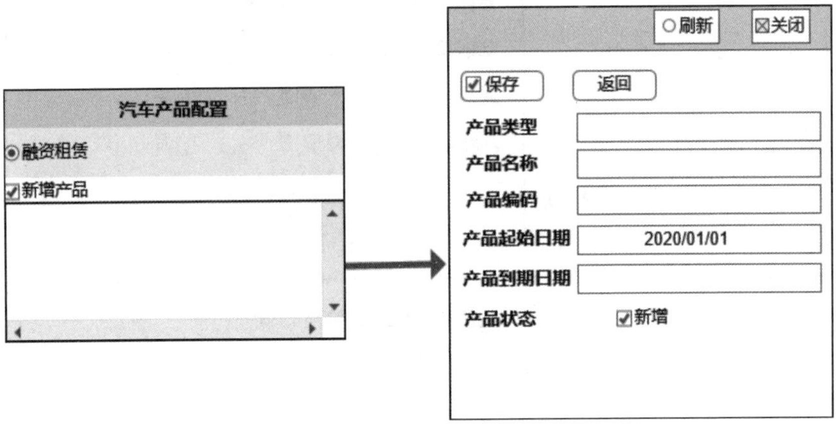

图 6-2 新增产品操作示例

2. 配置产品基本信息

（1）根据《产品系统配置表》（如有）配置产品基本信息，系统通常会默认产品类型、产品名称、产品编号为必填项，而且不可更改。填写完信息后点击"保存"。

（2）点击"产品参数"，继续配置产品信息。

（3）进入"产品参数"界面，一般根据《产品系统配置表》配置产品参数。融资租赁方式根据具体产品进行选择，通常选择"反租"，即"售后回租"，选择"正租"，即"直租"；利率类型选择"固定利率"。其他参数根据不同产品进行配置。

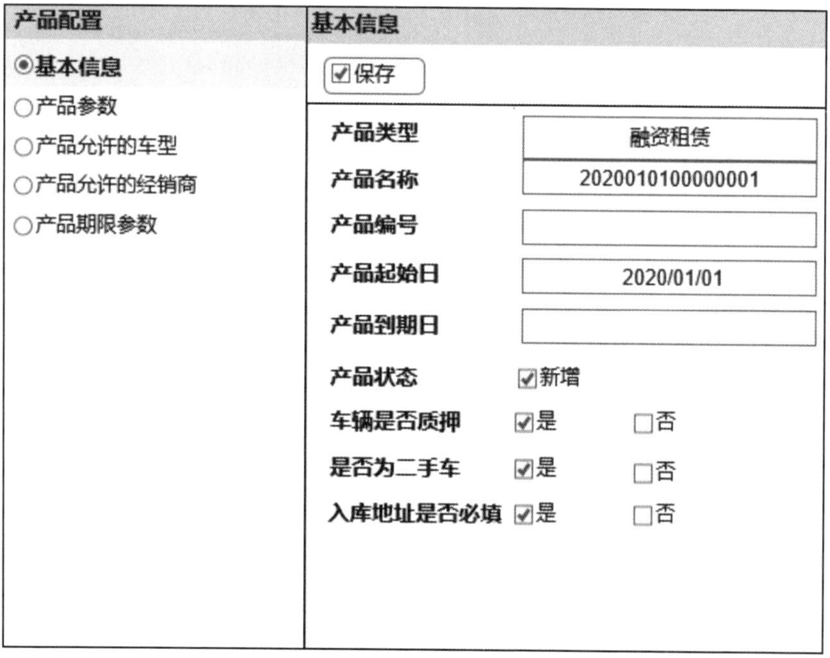

产品配置	基本信息	
◉ **基本信息**	☑保存	
○ 产品参数		
○ 产品允许的车型	产品类型	融资租赁
○ 产品允许的经销商	产品名称	2020010100000001
○ 产品期限参数	产品编号	
	产品起始日	2020/01/01
	产品到期日	
	产品状态	☑新增
	车辆是否质押	☑是　□否
	是否为二手车	☑是　□否
	入库地址是否必填	☑是　□否

图 6-3　配置产品基本信息示例

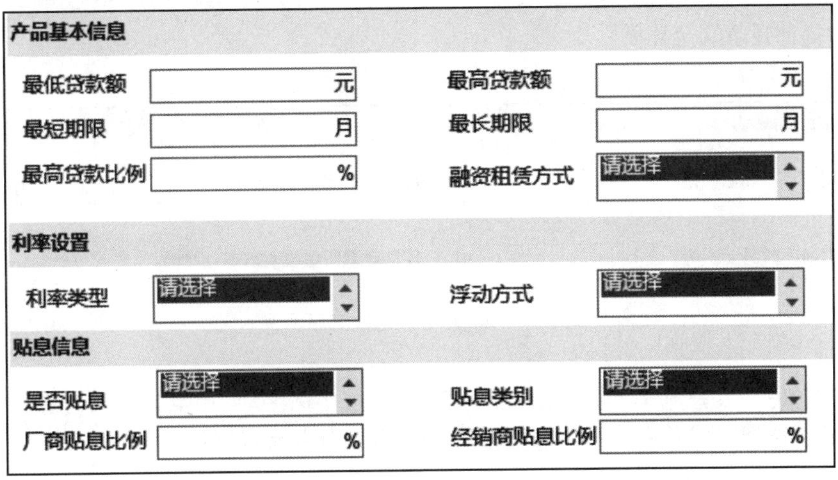

图 6-4　配置产品参数示例

（4）月供计算方式根据实际产品计算方式选择，通常选择"等额本息"。支付方式：根据产品实际支付进行配置。

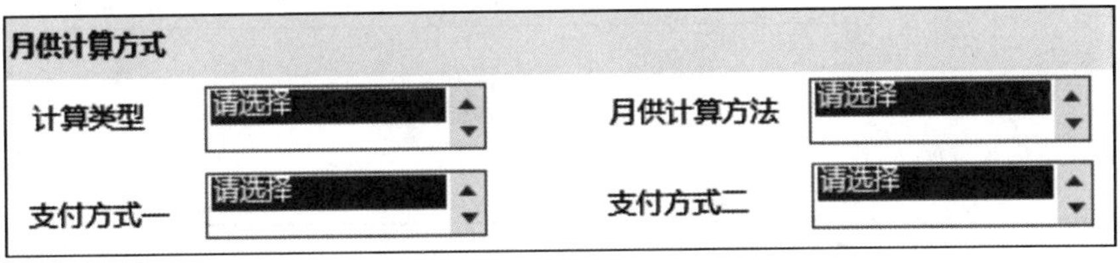

图 6-5　配置月供计算方式示例

（5）经销商佣金计算方式：通常选择"单笔佣金比例"。销售佣金计算方式（即销售人员工资）和其他项根据实际情况进行选择。

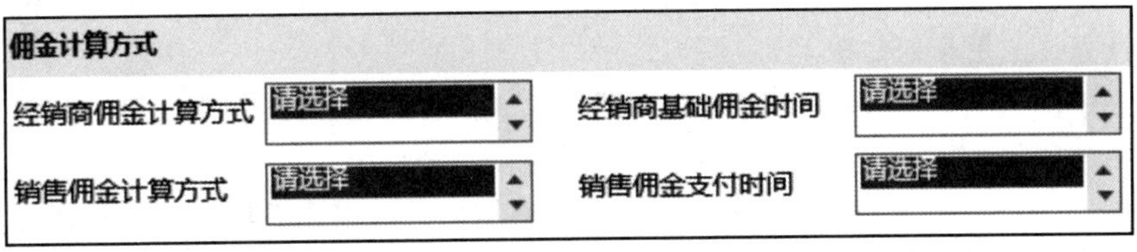

图 6-6　配置佣金计算方式示例

（6）提前还款罚金收取方式：通常选择"贷款金额×费率"，填写"提前还款罚金比例"。

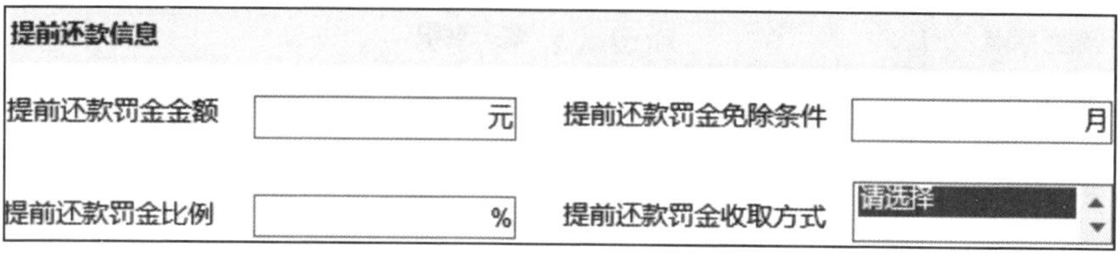

图6-7　配置提前还款信息示例

（7）罚息利率计算方式：一般选择"按比例浮动"；本金罚息计息基础：选择"贷款利率"。计算公式根据产品具体收费规则设定。

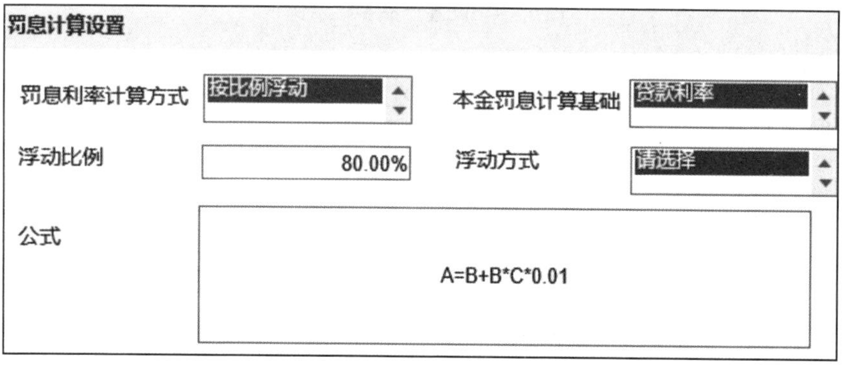

图6-8　配置罚息计算信息示例

3."费用项设置"功能介绍

费用项设置反映了公司与代理商及客户之间的费用关系，分为收取、代融、押金类三类。

（1）收取。公司向客户收取的费用项，包括各项服务费、一次性支付利息、二手车评估费等。

（2）代融。将原本应向客户收取的费用项转入融资金额进行融资，包括各项服务费、购置税、保险金额、附加配置金额等。

（3）押金类。客户向公司申请贷款缴纳的、承诺还款期结束后归还给客户的费用，包括保证金等。

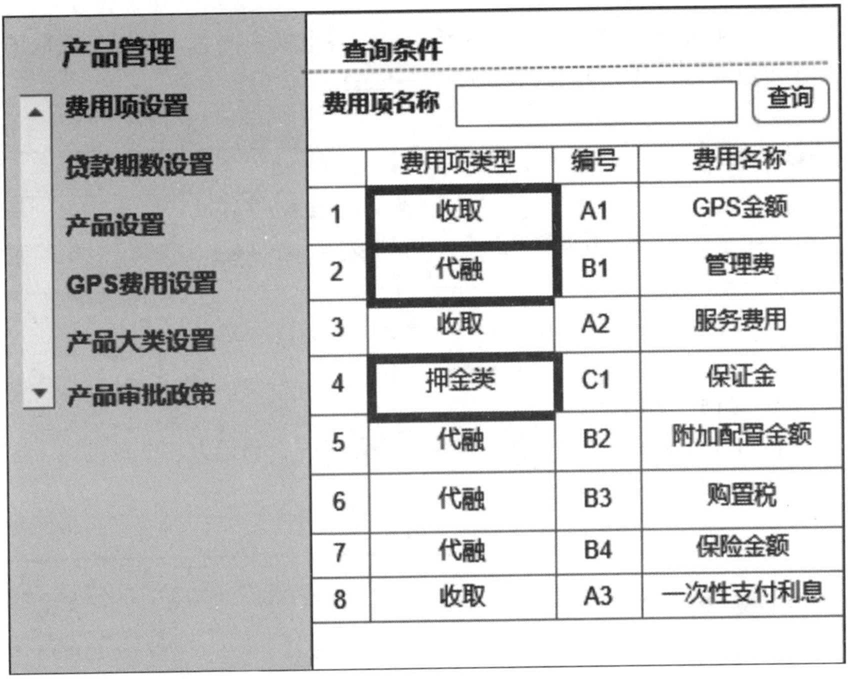

图 6-9 费用项设置示例

4. 收取费用设置

管理费用收取时间：通常选择"按还款计划收取"；二手车评估费收取时间：一般选择"交易一次性收取"；GPS 安装费结算方式：根据实际情况选择。

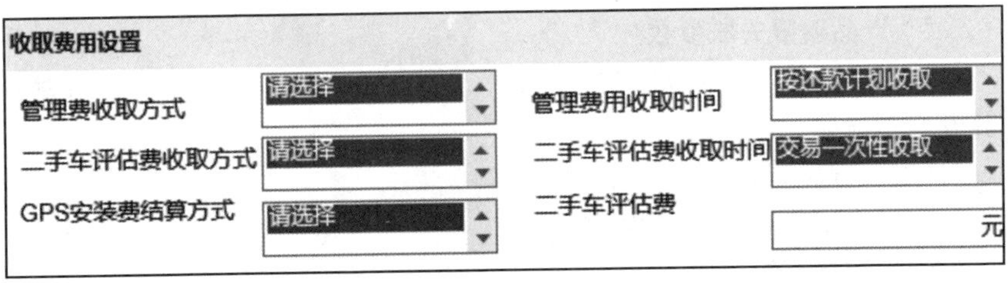

图 6-10 收取费用设置示例

5. GPS 费用设置

前端销售会向客户收取 GPS 费用。销售根据不同客户情况，收取的 GPS 费用不同。GPS 费用收取方式：一般选择"作融资本金"。

GPS费用设置			
GPS费用	元	不含GPS融资金额小于	元
GPS费用收取方式	作融资本金	不含GPS融资金额大于等于	元

图 6-11　GPS（车管家）费用设置示例

6. 合同特别条款

合同特别条款非必填。登记机构、登记时间、登记人、更新机构、更新时间、更新人由系统自动带出，一般不必填写。

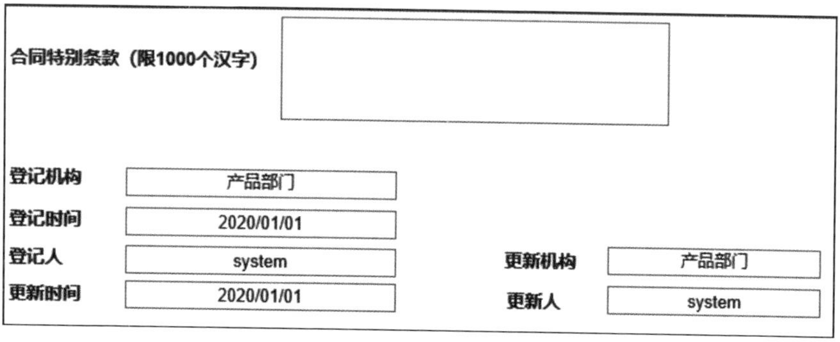

合同特别条款（限1000个汉字）

登记机构	产品部门		
登记时间	2020/01/01		
登记人	system	更新机构	产品部门
更新时间	2020/01/01	更新人	system

图 6-12　合同特别条款填写示例

7. 产品期限关联参数

进入"产品期限关联参数"界面，点击"新增"，根据《产品利润测算表》填写如下参数：

（1）产品状态：选择"启用"。

（2）设定贷款固定利率。

（3）设定首付比例。

（4）设定管理费率/年。

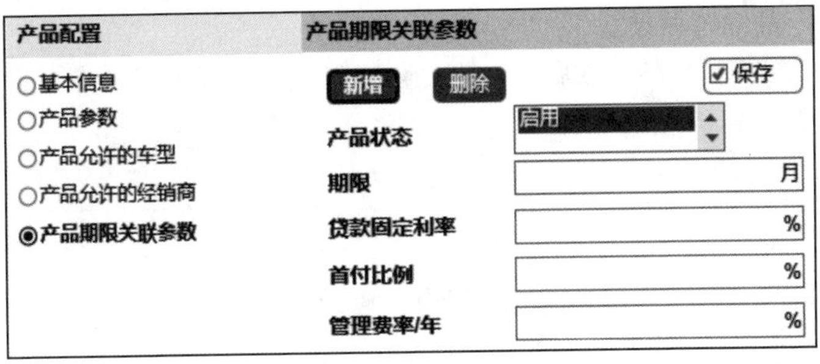

图6-13 产品期限关联参数设置示例

表6-2 账户管理费率示例（数字为虚拟）

期限	12	24	36
管理费率（%）	0.3	0.15	0.1

8. 贷款期数设置

贷款期数设置：售后回租业务常用产品期数为12、18、24、36、48等，期数配置好之后可在"产品设置"里"期次"下拉框进行选择。

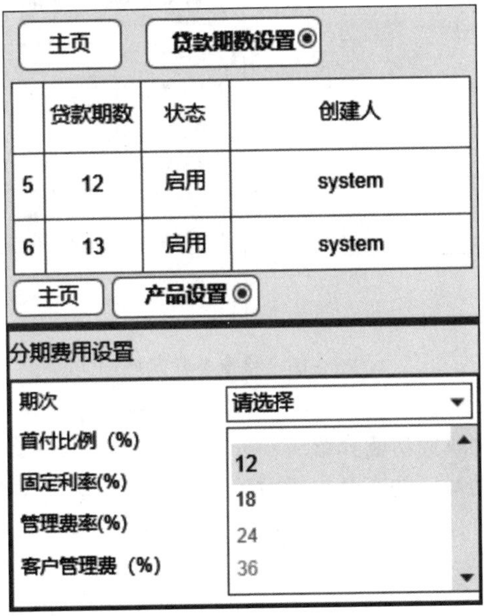

图6-14 贷款期数设置示例

9. 产品经销商设置

（1）配置好产品参数后，一般会通知销售支持部配置"产品允许的车型""产品允许的经销商"。

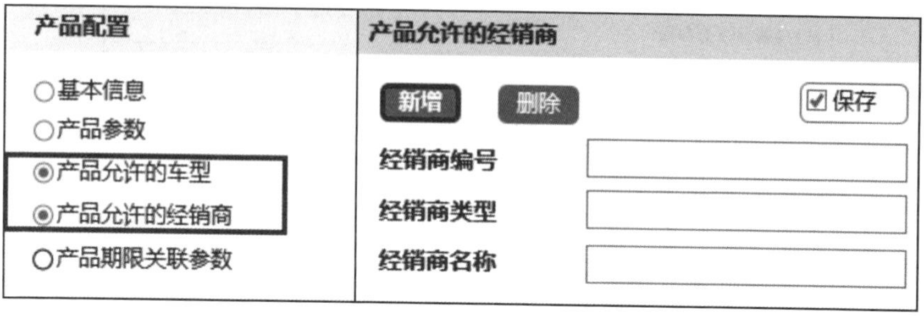

图 6 – 15　产品经销商设置示例

（2）产品上线前，检查所有参数是否正确、完整，确认无误后，选择产品，点击"启用"，并发送邮件通知 IT 部同事重载缓存。

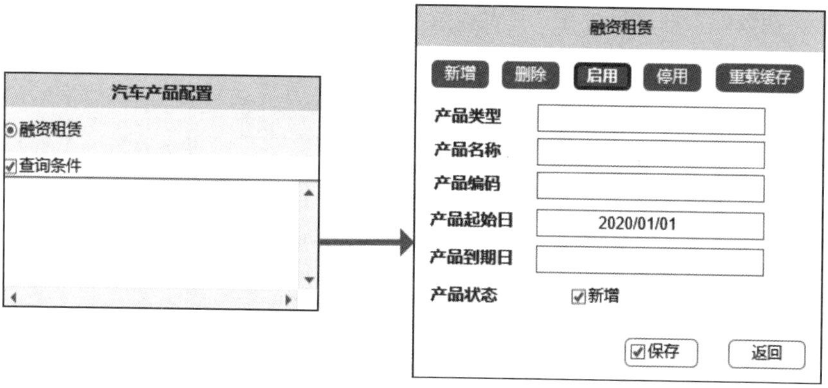

图 6 – 16　检查参数示例

10. 产品审批政策功能介绍

不同产品大类对应的产品审批政策不同，该项配置主要用于审批人员对客户进行审核时，提示所选产品的审批政策，如有的产品要求客户为本地户口。

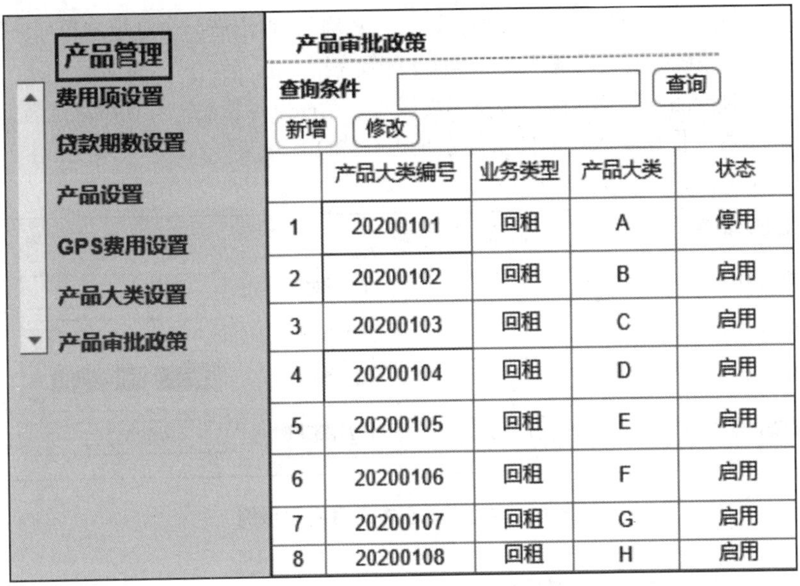

图 6-17 产品审批政策界面示例

11. 新增产品—配置产品基本信息

（1）进入后台，登录账户。

（2）配置产品基本信息。

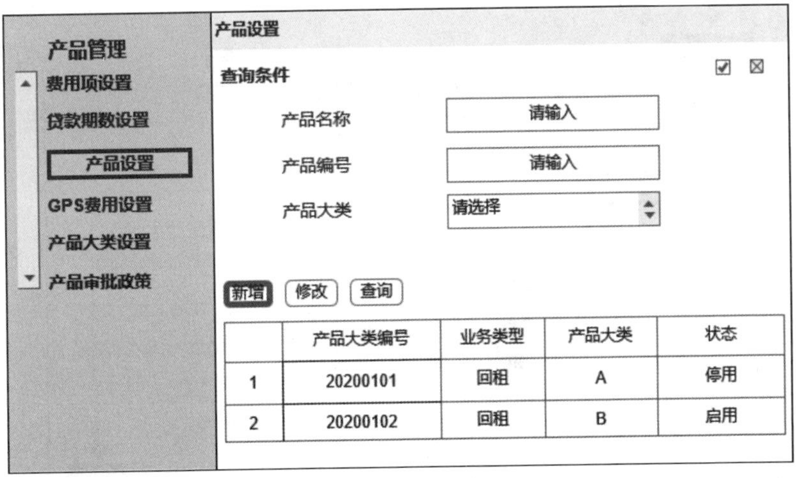

图 6-18 产品设置界面示例

一般进入“产品设置”界面，点击“新增”，弹出产品信息填制界面，根据《产品系统配置表》逐项进行配置，配置完毕点击“保存”，对话框关闭。

此时产品一般并未配置完毕，需进入“产品基本信息”界面继续配置。

注意：根据录入产品的实际系统进行操作。

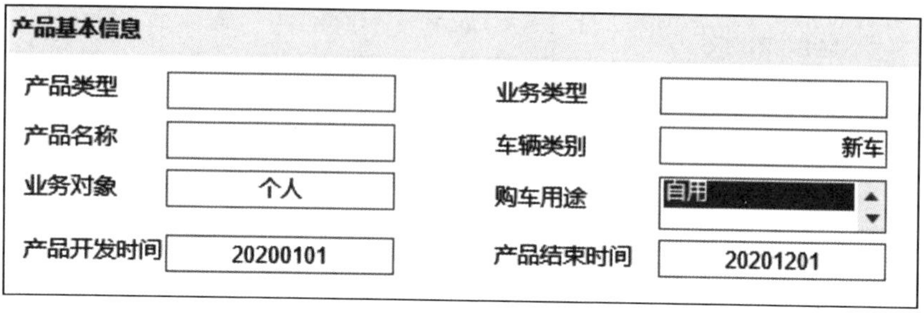
产品基本信息
产品类型
业务类型
产品名称
车辆类别
新车
业务对象
个人
购车用途
自用
产品开发时间
20200101
产品结束时间
20201201

图 6－19　产品基本信息界面示例

12. **新增产品—配置产品参数**

一般可选列表中产品，点击“详情”，进入“产品详情”界面，继续完成“产品参数”的配置。

注意：“融资总额（除车价外）”表示加融项目总额的范围，根据产品融资范围内各项求和得出。

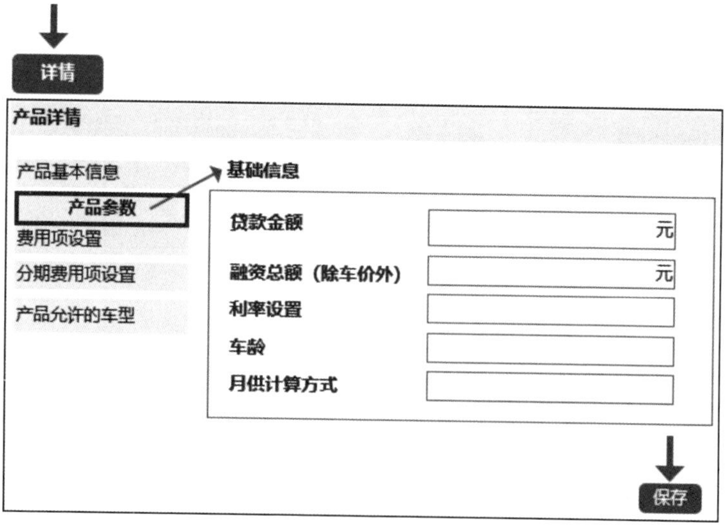
详情
产品详情
产品基本信息
产品参数
费用项设置
分期费用项设置
产品允许的车型
基础信息
贷款金额
元
融资总额（除车价外）
元
利率设置
车龄
月供计算方式
保存

图 6－20　产品详情界面设置示例

13. 新增产品—费用项设置

（1）完成"产品参数"界面的设置后，点击"费用项设置"中"配置费用项"，弹出对话框。

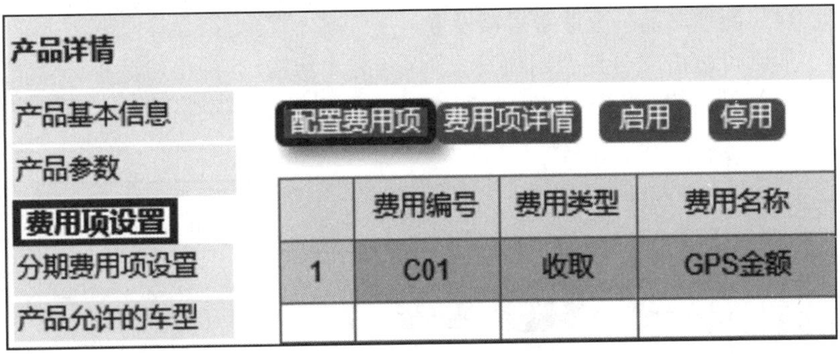

产品详情

产品基本信息	配置费用项　费用项详情　启用　停用		
产品参数			
费用项设置	费用编号	费用类型	费用名称
分期费用项设置	1	C01	收取	GPS金额
产品允许的车型			

图 6 - 21　费用项设置示例（1）

（2）通常对"费用项名称"下拉框进行选择，费用项编号及费用类型自动弹出。

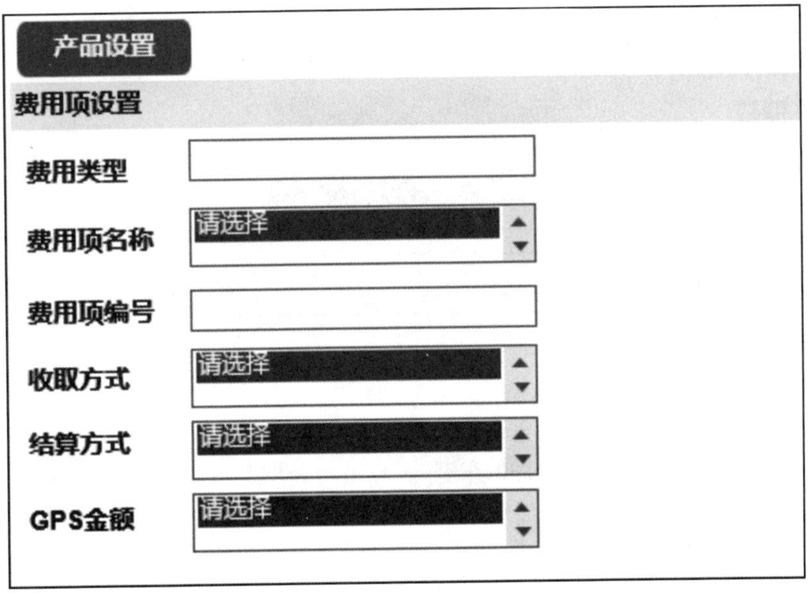

产品设置

费用项设置

费用类型	
费用项名称	请选择
费用项编号	
收取方式	请选择
结算方式	请选择
GPS金额	请选择

图 6 - 22　费用项设置示例（2）

（3）继续完成其他必填项。

注意："结算方式"代表公司与代理商之间费用的结算方式，"放款时结算"表示该费用在每笔车款放款时结算给代理商，"线下结算"表示通过财务汇总核算后定期结算给代理商。

14. 新增产品—分期费用项设置

通常可点击"分期费用项设置"，点击"新增"，弹出对话框，对贷款期数、首付比例、贷款利率等进行配置，然后点击"保存"。

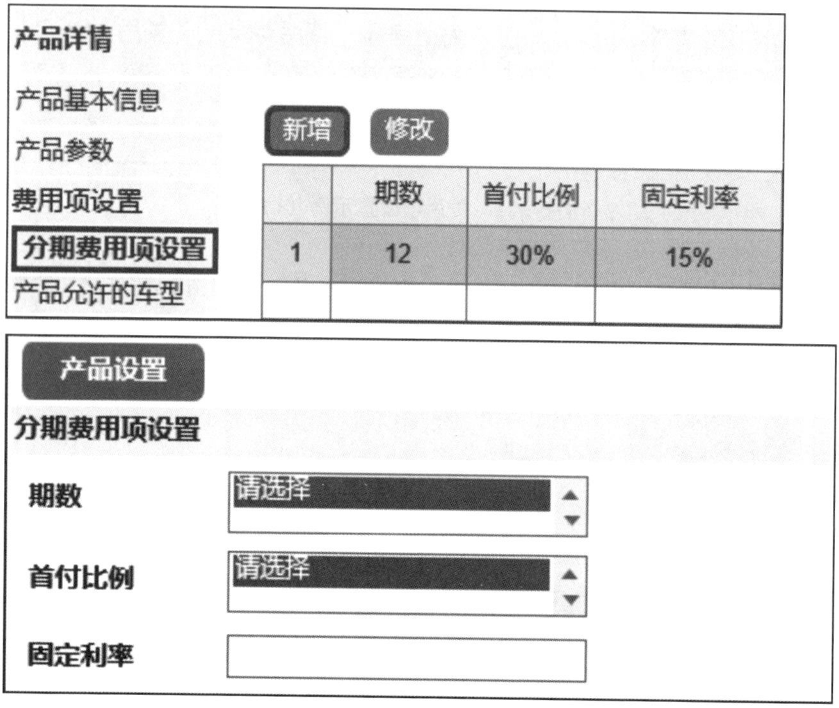

图 6 - 23　分期费用项设置示例（1）

15. 新增产品—产品允许的车型

通常可点击"产品允许的车型"，点击"新增"，弹出对话框，根据产品政策对车型进行勾选，然后点击"保存"。

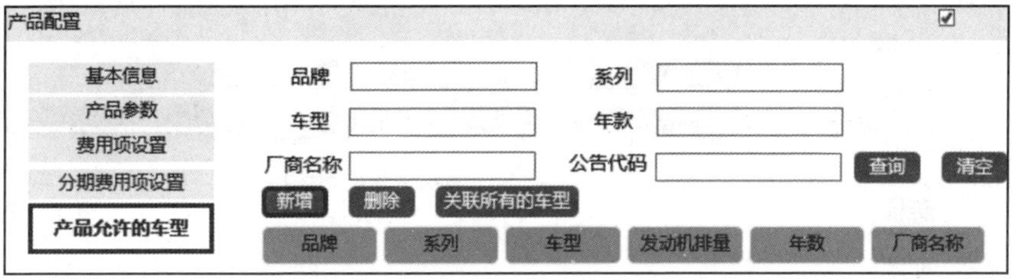

图6-24　产品允许的车型设置示例

至此，一个新增产品的配置全部完成。

16. **新增产品—启用产品**

新增产品配置完成后，一般需要邮件告知销售支持部同事执行关联经销商的动作，关联完毕后点击"启用"，该产品即可在进件界面显示。

图6-25　启用产品设置示例

17. **产品设置**

（1）产品设置—详情功能—费用项设置。

若产品有符合的费用配置，则直接选择启用；如无，则需重新配置。把必填项按规则填写完毕后点击"保存"，进入费用项设置。

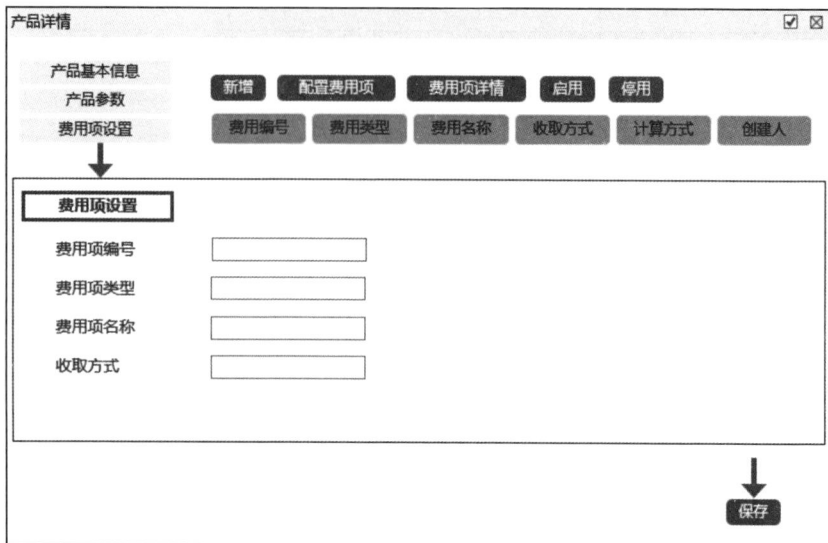

图 6 – 26　费用项设置示例（3）

（2）产品设置—详情功能—分期费用项设置。

点击"新增"，按要求填写完成后点击"保存"即可。

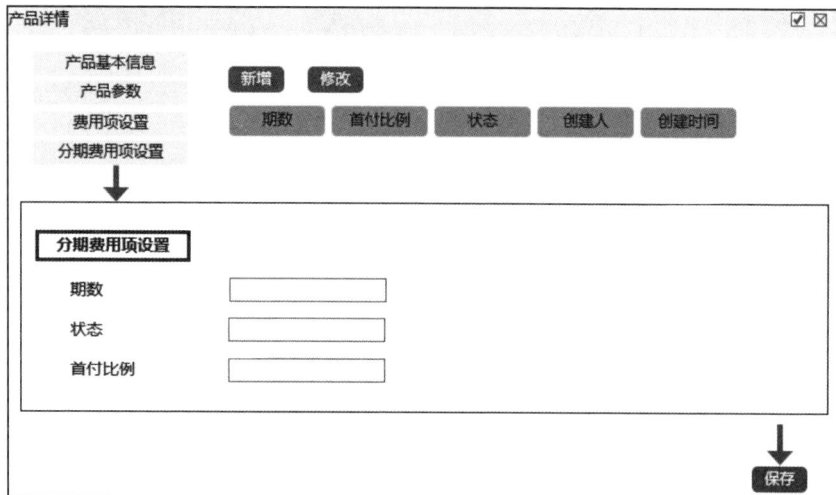

图 6 – 27　分期费用项设置示例（2）

（3）产品设置—详情功能—产品允许的车型。

点击"新增"，找到允许的车型勾选后保存。

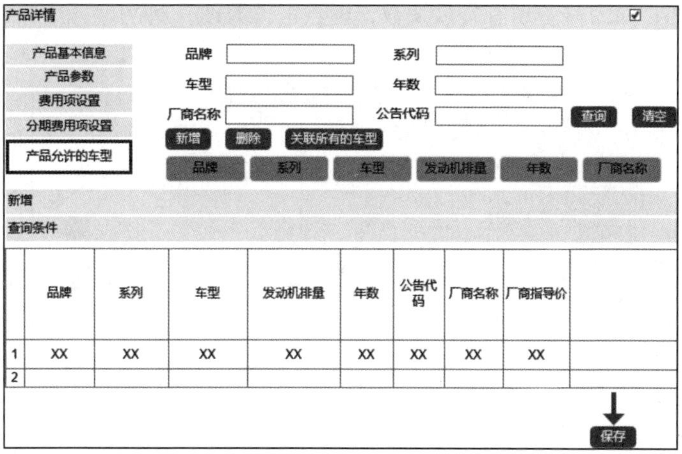

图 6 - 28 匹配、配置产品允许的车型示例

18. 费用项设置

如果系统中已经设置好现有产品所需要的各种费用，如新产品无增加其他费用项目，则不用操作；如有增加，则点击"新增"按要求完成添加；如需修改现有费用，则点击"修改"即可。

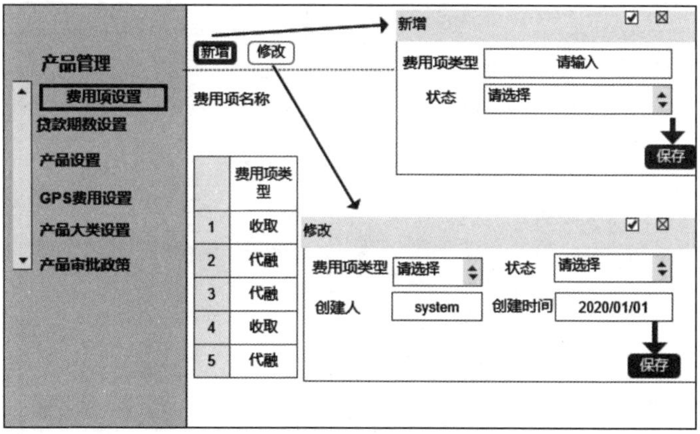

图 6 - 29 新增、修改费用项示例

19. 贷款期数设置

对于一般的车贷产品来说，贷款期数是有一个区间的，因此新产品如无增加不同的贷款期数，则不用操作；如有增加，则点击"新增"按要求完成添加；如需修改现有贷款期数，则点击"修改"即可。

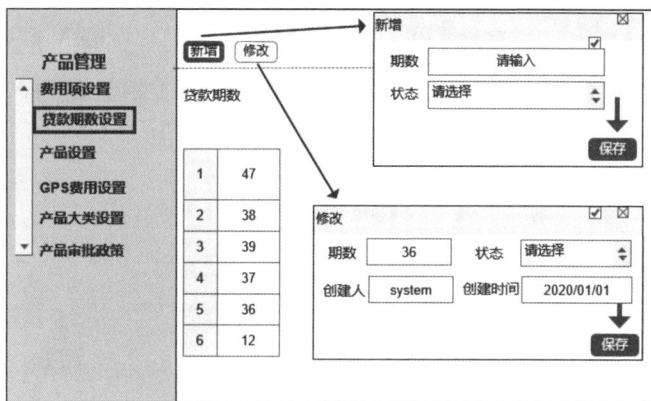

图 6-30 新增、修改贷款期数示例

20. 产品大类设置

产品大类选择项目前只有直租与售后回租，点击"新增"可以增加，按要求填写信息后点击"保存"即可，同时可以对现有产品进行修改。

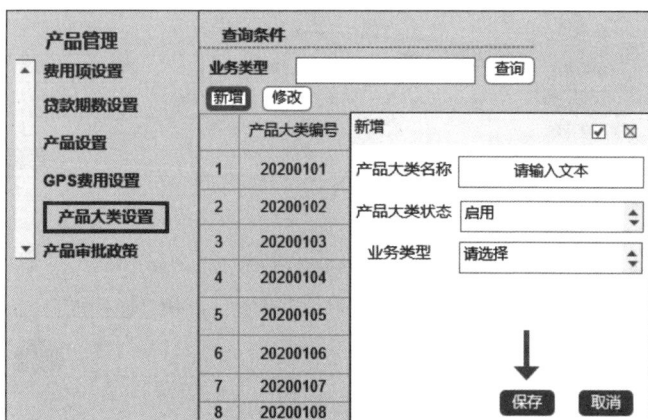

图 6-31 产品大类设置示例

21. “产品大类设置”功能介绍

“产品大类设置”主要有不同产品大类的审批材料、放款材料、审批政策等信息。

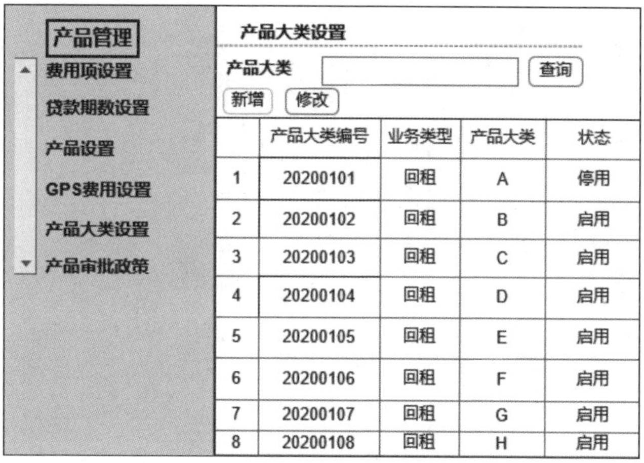
产品管理
费用项设置
贷款期数设置
产品设置
GPS费用设置
产品大类设置
产品审批政策
产品大类设置
产品大类
查询
新增
修改
产品大类编号
业务类型
产品大类
状态
1 20200101 回租 A 停用
2 20200102 回租 B 启用
3 20200103 回租 C 启用
4 20200104 回租 D 启用
5 20200105 回租 E 启用
6 20200106 回租 F 启用
7 20200107 回租 G 启用
8 20200108 回租 H 启用

图6－32　产品大类设置界面示例

22. 产品审批政策设置

产品审批政策通常一定时间内是固定的，点击“新增”可以增加，按要求填写信息，点击“保存”即可，同时可以查看现有产品的详情并进行修改再保存。

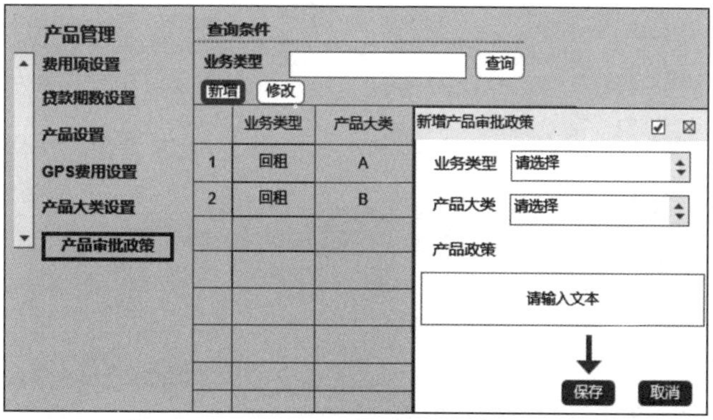
产品管理
费用项设置
贷款期数设置
产品设置
GPS费用设置
产品大类设置
产品审批政策
查询条件
业务类型
查询
新增
修改
业务类型
产品大类
1 回租 A
2 回租 B
新增产品审批政策
业务类型
请选择
产品大类
请选择
产品政策
请输入文本
保存
取消

图6－33　产品审批政策新增示例

产品上线流程及准备　　第七章

一、 产品上线前的准备工作

（一） 跨部门的沟通工作

跨部门的沟通主要是让公司各部门都知道产品上线的事宜，针对核心的业务相关部门，比如销售、审批、放款、风控、财务等，需要单独沟通产品内容和相关性，进一步确定各相关事项达成一致。

跨部门沟通的优势非常明显——产品上线的内容各部门都能做到非常清晰，这样有助于顺利上线并进入下一个推广环节。如果缺乏沟通，在上线的时候各部门可能提出的异议和问题就会让你忙得晕头转向了。

因此，产品上线前的沟通工作格外重要，需要跟各部门确定内容及细节，包括实际操作的流程，也需要各部门做好协助产品上线的准备工作。虽然每个部门的工作职责各不相同，但是在这个关键时刻，一定需要其他部门的协助和支持。对于他们的工作内容，他们自己最清楚困难点和执行层面的问题在哪里，你必须配合解决各部门的疑惑和问题，才能在确保各部门观点一致的基础上顺利进入产品上线的步骤。

（二） 确定产品推广渠道/方式，预估产品推广目标

根据公司的战略规划及产品的业务模式、流程，需要在产品上线之前确定好产品推广的方式。例如解决、回答以下问题：

产品的营销用户是哪些？怎么定位？
产品获客渠道的来源是什么？转化率如何？
产品在市场中处于什么样的定位？
竞品的优势是哪些？如何让关键客户选择这个产品？

以上问题如果可以在此阶段有清晰的答案，证明已经做好了产品上线的准备，因此可以通过这种方式预估产品推广目标。

以目标为导向是产品策略中重要的一个环节。根据长期目标制定的是产品战略和规划层面的方针。产品上线的过程是将产品目标阶段化、可量化、时效化的过程。例如：

产品每个月的销量预估是多少？

通过什么样的渠道销售？

是否有营销推广活动可以增加销量？

未来三个月的销量是否呈逐渐上升的趋势？

这些问题通过与销售部门或者渠道方沟通进行预估评判才是较为合理的，而且能让大家在上线前做到心中有数。这样的方式会让产品上线的时候不受外界因素的干扰，相关人员能冷静地分析上线时的问题，提供最优的解决方案。

这样反复经历过多次上线评估结果和预估结果间的差异之后，就能做到有经验地判断问题点，迅速发现问题症结，以及清楚应如何解决才能达到预期的目标。

（三）培训及广宣渠道的配合

销售端或渠道端的培训工作也是至关重要的，这是确保每个销售人员能够理解产品的特点和优势，并且转化为自己的话术进行营销的保证。培训的方式有许多，最常见的有视频培训、电话培训及现场培训。汽车金融的业务范围一般囊括全国各地，销售人员比较分散，难以集中，因此视频培训和电话培训的方式更多一些，而视频培训则较电话培训效果更好。

培训中需要特别注意的是角色的转化。产品人员的立场与销售人员不同，产品人员在销售人员培训的过程中，更应该扮演销售人员的角色，培训内容、语言必须从他们的工作特点出发，用更直接的方式和内容进行培训。例如销售人员最关心的是价格，就是我们说的万元系数，同时还要转化为费率，那销售人员会更加清楚。但如果说利率，那基本上只是有个大体的概念，无法与竞品进行比较。

广宣渠道包括线上和线下。根据公司的品牌、相关部门的定位和费用，需要重点针对重要产品或者新产品的发布进行宣传和报道，其渠道包含新闻发布、自媒体/媒体报道、官网、线下活动、广告投放、产品推介会等。需要特别注意的是，宣传的内容和物料一定要符合公司品牌的整体宣传风格，这样在扩大公司知名度的同时对公司的新产品有最好的宣传渠道，可以增加曝光度来吸引客户的流量及提高购买度。

二、 产品上线流程

产品上线流程可总结为图 7 - 1 所示的六个步骤，下面将具体阐释每个步骤。

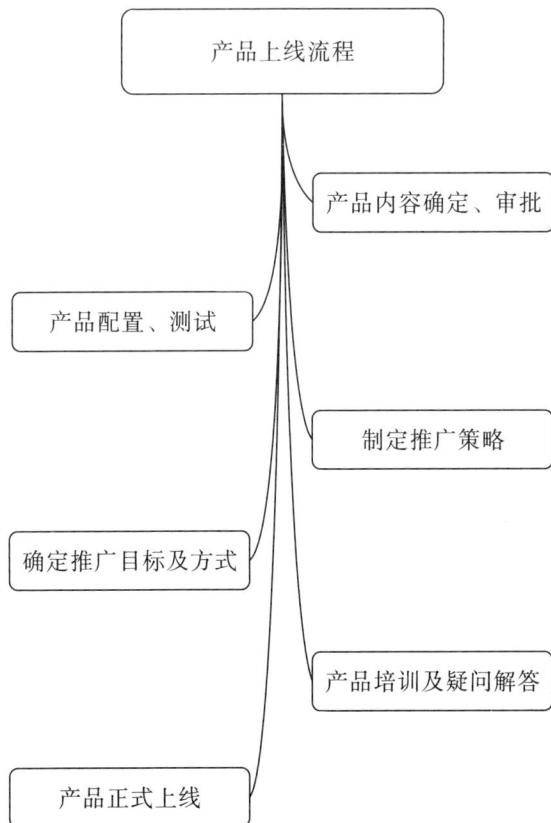

图 7 - 1　产品上线流程

（一）产品内容确定、审批

通过产品内容与各部门的确定、产品评审委员会的审批形成最终版本的产品介绍、计算器。产品介绍的基本内容包含产品要素、产品优势、产品风控政策、业务流程、针对用户群体（客户资质）、进件资料、审批政策、放款政策、系统配置等。如果涉及项目类产品，还必须在产品介绍中增加项目背景介绍以及操作流程（包含线上、线下实际操作步骤和签署合同等规范）。

计算器运用于前端和后台，主要用于销售端为客户进行产品试算以及后台核对放款金额。目前计算器很多已经设置在 App 或者微信端，可直接在线上操作。

（二）产品配置、测试

产品配置需要在测试环境及生产环境进行配置，并且要符合之前所说的双人复核原则和跨部门测试复核原则。产品配置的问题也在之前详细介绍过，这里不一一阐述了。

产品配置需要检查的除了配置栏位，还需要进行案例录入来检查相关费用项以及金额，包含各栏位的上下限是否超出、规则是否有修改和调整、费用项是否正确等。一般根据产品的数量选择录入案例的数量，如果产品少，每一个产品至少录入 1 ~ 2 个案例进行测试；如果产品较多（如几十种），那么需要抽样检查测试。抽样案例需要产品部门和 IT 部门在测试和生产环境中进行测试。

（三）制定推广策略

针对产品的获客渠道，制定相应的推广策略。线上、线下渠道的推广策略不同，准备时间的差异也非常大。线上的涉及活动推广、更新功能等，推广策略较灵活，时间准备期较短，一般一周左右就可以确定方案并上线；线下活动涉及物料、活动现场、展位等，需要预留的设计版本修改、物料物品规范等时间较长，一般提前 15 ~ 30 天进行活动策划及设计。如果涉及特定的渠道推广或者推广渠道单一、活动形式简单，那么推广的策略可提前 3 ~ 5 天进行。

一般而言，线上活动的推广效果通过数据反馈，而线下活动的推广效果则要从销售业绩和实际反馈中获知。实际反馈可以通过问卷调查、访谈、第三方调研等方式实现。

（四）确定推广目标及方式

确定推广目标及方式就相当于确定了客户群体以及销售的渠道、方式和内容，并且很多时候在此阶段就确定了销量目标，或者说已经有了预估的销量数据，该数据可以通过存量历史数据、市场数据以及渠道数据进行测算。接下来基本可以开始进行设计、与渠道方沟通、内容确定等步骤。设计一般会通过多次修改以达到理想的效果，所以一般会提供两个以上的方案作为选择。

（五）产品培训及疑问解答

产品培训是影响产品销量至关重要的一环。涉及与销售人员的沟通，必须确保通过各种培训和交流，让一线销售人员充分理解产品的设计理念、产品优势以及对产品产生认同。

通常来说，产品设计人员会与销售人员详细沟通产品背后设计的想法和背景，包括产品细节的问题。这样一方面有助于开阔销售端的视野，让其更好地理解产品的初衷和想法，另一方面可以让其对产品产生兴趣和认同感。销售人员只有真正认可产品，才能更好地进行营销工作。

产品培训也是很好的角色互换时间，产品设计人员同时也是销售人员，销售人员是产品传达者同时也是客户。彼此互换位置，进行全方位的沟通，保证每个想法和细节都能传达到位。

而疑问解答则更加考验人，这要看在产品设计的时候，考虑得是否足够充分、细节是否做得精致，还有哪些是自己忽略的问题。每个人提出的问题和观点都不同，所以很多时候产品设计人员面对销售人员的疑问会发现这个角度之前没有考虑到，那么下次在产品设计的时候就又多了一个角度。可见，不管是从方式上还是经验上来看，疑问解答其实是产品设计人员用于考验产品设计是否到位的阶段。

（六）产品正式上线

产品终于正式上线了。作为产品设计人员，在历经了这么多的过程和时间之后，终于将自己的产品呈现出来，激动的心情自然是溢于言表。但是这可不是放松的时候，也没有到完成的时候，产品上线只是一个新的开端，接下来需要持续关注产品的销量、运营及盈利情况。时间是用来检验产品的最好工具。

三、　产品上线过程中的风险点及解决办法

（一）产品内容和审批时出现不同的意见或反对声音

产品上线之后会涉及各部门相关工作内容的更新和变化，特别是新的、较大的项目上线时，涉及的新的工作内容以及部门会更多。当然，有不同的意见并不是件坏事。由于各部门的负责人或者公司高管的立场和角度不同，看问题的角度也是不同的，这时最关键的是跟进了解。例如：

差异点或者分歧点在什么地方？是否真的存在此问题？

是什么原因导致的？

是否有更好的方案可以解决这个问题？

如果没有替补方案，要怎么避免问题的发生？

如果按照对方的观点是否会有更好的结果？

如果以上的问题都能回答得很清晰，那相信对于对方所提的问题一定也有答案了。

最关键的是要以开放的心态理解对方不同的观点，然后再看实际上是否真的存在对方所说的问题，并考虑其可能的结果。所以，应主动站在对方的角度了解这个问题的难点，直接面对问题才能找到解决问题的最佳方案。

（二）产品配置或者测试出现问题

产品配置过程中出错比较容易发现，因为是双人复核机制，两个人同时犯同一个错误的概率非常低，所以一般在配置产品的时候，配置栏位的错误在双人复核时就可以解决。

关键问题是测试的时候，特别是产品较多的情况下，抽样测试中并没有发现问题，但是在产品上线之后发现问题，这可能是由部分栏位的规则变动或者计算逻辑更改等情况引起的。我们需要根据当时的情况进行紧急情况的分析，第一时间确定是什么原因引起的问题，如果是能够通过系统解决的就一定通过系统操作来解决，然后预估好解决方案和时间，并给予最佳方案；如果解决方案周期较长，则需要将损失减到最小，先对外关闭

产品或者重新配置产品，特别是相关费用和金额需要立即止损，将损失降到最低。

（三）推广效果不尽如人意

推广的目标是既定的，如果预期的销量没有达到，就需要重新评估推广的渠道和策略是否合适，以及针对的客户群体是否合理准确。

这时最好实地走访调研，深入客户端以及销售端发现问题。注意一定要走到最前线，去看推广的物料是否已经起到宣传的作用，推广的活动是否适合当地客户群体的习惯，是否有销售人员跟进客户需求，客户是否真的收到此信息并愿意为此买单。必须走到一线核实到底是推广宣传不到位，还是客户已经知道产品却不愿意买单？只有区别了这点，才能知道接下来调整的方向——如果是推广效果不好，那就修改推广策略、设计、活动方案等；如果是客户已经知道并了解产品却没有转化为用户，那我们就可以发现产品中的问题，这个时候需要调整的则是产品。

一般来说，产品一个月的上线周期是第一个节点，三个月是另一个节点。产品设计人员需要在这两个节点之前及时发现问题并做出补充方案。

（四）在产品培训中发现问题

产品培训阶段是深入销售端或者客户端的第一时间，一定会有问题出现，但是这个问题是否真实存在或者是否会影响产品的销售量，则需要进一步的了解和判断。

一般来说，销售人员最在意的是价格、速度、资料和流程简易程度，只要针对核心的或者他们所关心的问题给予合理的解释或者解决方案，那就不会有太大的问题。但是最关键的是操作层面存在太过复杂或者通过第三方难以实现的问题，就不是销售人员可以解决的。一般来说，项目类产品会更多地出现这类复杂的问题，特别是在涉及多个资方的情况下。如果真的存在问题，不要第一时间否定，而是要第一时间补救。

产品全生命周期管理  第八章

一、 产品生命周期和产品分类

（一）产品生命周期

产品生命周期（Product Life Cycle），简称PLC，亦称"商品生命周期"，是指产品从投入市场到更新换代最后退出市场所经历的全过程，是产品或商品在市场运动中的经济寿命，也即在市场流通过程中，由于消费者的需求变化以及影响市场的其他因素所造成的商品由盛转衰的周期。产品生命周期主要是由消费者的消费方式、消费水平、消费结构和消费心理的变化所决定的，一般分为以下五个阶段：

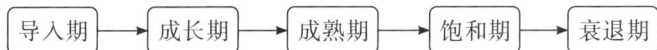

导入期 → 成长期 → 成熟期 → 饱和期 → 衰退期

图 8 - 1　产品生命周期五阶段

其中导入期和成长期其实都处于初创阶段。

而市场营销学中定义的产品生命周期只有四个阶段：导入期、成长期、成熟期、衰退期。

在产品管理概念的基础上，产品设计人员可以将产品生命周期重新定义为产品的四个阶段来开展工作：

强化阶段 → 更新阶段 → 重启阶段 → 退市阶段

图 8 - 2　产品的四个阶段

这四个阶段的工作重心分别是：

①保护并强化"核心"产品。

②更新原本应该表现良好但是目前销量不佳的产品。

③重新发布或复活原有产品。

④淘汰失败的产品。

（二）产品分类

1. 波士顿咨询集团产品分类矩阵

波士顿咨询集团（The Boston Consulting Group）的产品分类矩阵（也称"产品系列结构管理法"，见图 8 – 3）将产品按照市场占有率分为以下四种：

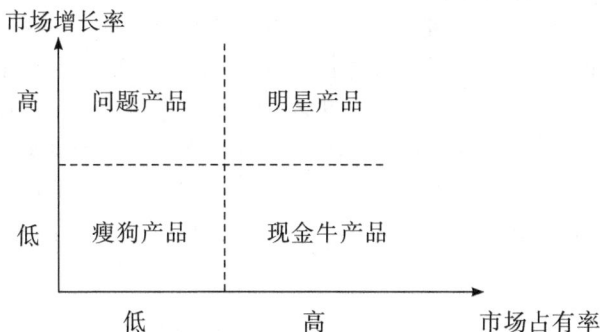

市场增长率

高	问题产品	明星产品
低	瘦狗产品	现金牛产品
	低	高　市场占有率

图 8 – 3　波士顿咨询集团产品分类矩阵

（1）现金牛产品（Cash Cows）。

又称厚利产品，是指处于低增长率、高市场占有率象限内的产品群，已进入成熟期。最大特点是销售量大、产品利润高，但这种产品面临的问题是市场占有率在未来一段时间会有下跌趋势。因此此类产品需要在短期之内将收益最大化。可以在短期之内调整可实现的产品利润，或者缩减此产品的各类项目投资和成本。

（2）明星产品（Stars）。

指的是处于高增长率、高市场占有率象限内的产品群，这类产品有机会转化为现金牛产品，需要公司持续投入资金或资源，让其迅速发展。此类产品最需要的是继续投入，增长市场占有率，巩固市场地位，削弱竞品市场占有率。

（3）问题产品（Question Marks）。

指的是处于高增长率、低市场占有率象限内的产品群。其特点是利润率较低、负债比例高、资金投入不足。很多处于创始初期或者是未打开市场达到既定销量的产品均属于此类。需要针对此产品调整或改进，并重点投资，主要目的是提高其市场占有率。如果可提高其市场占有率，将有机会变成明星产品。

（4）瘦狗产品（Dogs）。

指处于低增长率、低市场占有率象限内的产品群。其产品特点是利润率低或者已经处于保本、亏损的状态，无法为企业带来收益。首先应该减少销量，进入退市阶段，现在已经处于亏本状态的产品则需要马上关闭。此类产品相关的人力和资源都可向其他产品转移。

2. 以产品所在生命周期分类

另一种产品分类方式是根据产品所在的生命周期的位置来界定，如前所述，产品设计人员根据实际业务情况将产品周期划分为导入期、成长期、成熟期、衰退期，分别对应强化、更新、重启、退市这四个阶段。根据产品的上线时间、利润贡献率、成长性、资源投入等将产品分别归类到以下四个阶段（见图8-4）。且根据产品所在的不同阶段，产品设计人员会给出不同的产品类型定义和对应策略：

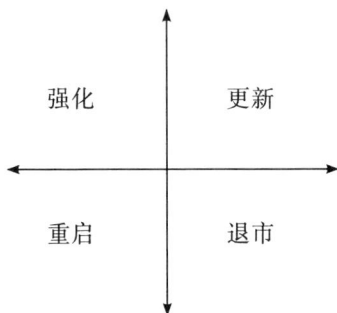

图 8 - 4　按产品周期分类

（1）"强化型产品"通常利润贡献度高，但是成长性处于维持状态，在下一个阶段很可能变为次要产品，因此此阶段不适合大量投入资源或者资金。此类产品的品牌收益也相对较好，只是目前的竞争压力不大，因此，面对这类产品，需要的是维持现有的市场占有率，减少投入维持。

（2）"更新型产品"可能出现在生命周期的任何阶段，即现有的表现没有达到预期的水平。需要将此产品进行调整或者修改，用以提升市场占有率。

（3）"重启型产品"也称为"复活型产品"，主要是之前被忽视或者发展中断的产品，但是企业重新发现其价值并且认为可再被利用，这可能是出于特殊情形或者人们有一定的怀旧心理，使产品可以重新上市。

（4）"退市型产品"就是"淘汰型产品"，指处于生命周期末期的产品，或者没有任何竞争力的产品。这类产品通常销量明显下滑或者完全没有销量，它们一般不会给企业带来收益或利润，甚至有的已经有亏损迹象，需要立即停止或者关闭。因为相较于利润，如果不关闭此类产品就可能产生新的风险。

另外，核算企业销售增长率和市场占有率需要注意的是：

①时间周期一般是一年以上；

②销售增长率用本企业产品销售额或销售量增长率；

③市场占有率可以用相对市场占有率或绝对市场占有率；

④计算公式为：

本企业某种产品绝对市场占有率＝该产品本企业销售量/该产品市场销售总量

本企业某种产品相对市场占有率＝该产品本企业市场占有率/该产品市场占有份额最大者（或特定的竞争对手）的市场占有率

⑤绘制四象限图时，以10%的销售增长率和20%的市场占有率为高、低标准分界线，以此为坐标划分图中的四象限分布；

⑥通过计算公式计算出企业产品的销售增长率和市场占有率，然后在图中标出相应的位置，以此为圆心，按照当年的销售额绘制不等的圆圈并标以代码进行识别，其在坐标的定位结果就是划分产品的类型。

二、 产品运营

上面提到实际操作中，产品的生命周期通常划分为四个阶段，分别是导入期、成长期、成熟期、衰退期。大多数产品都遵循着从生到死的生命周期，运营可以说决定了产品是否可以健康地在整个生命周期内存活。

金融产品的运营与线上产品的运营不同。线上产品的运营更多的是内容运营、用户运营或者活动运营，目的主要是增加用户流量或者流量变现，一般也经历产品上线、用户大推、稳定用户、关注增量、维护存量转移的生命周期；而金融产品的运营更多的是数据运营和市场运营，这里会着重讲述数据运营，因为金融产品的属性和模式决定了其最主要的目标是产品利润，我们的关注点也是产品的利润是否达到预期、销量目标是否完成。

（一）产品组合维护

产品组合不同于产品架构，它是产品架构的产品分布情况，因此称其为组合。产品设计人员通常通过新旧产品组合的形式来降低风险，但是产品设计人员必须对产品进行持续性的评估。由于很难对产品的收入和销量进行准确的预测或计划，因此要通过产品组合维护的方式来确定增加利润、减少成本、新产品上市、产品退市等决策，以及在何时可以完成。

产品设计人员应该定期将现有的产品组合与竞争对手或者市场占有率较高的产品线进行比较，看哪些产品是未来市场的趋势，哪些是产品设计人员没有的产品（或者对方没有），是否需要增加新的产品或者淘汰现有产品……与此同时，产品设计人员应该站在客户的角度去进行筛选，从客户角度看待本产品的不足或者有价值之处，发现与其他产品不同的地方或者极有可能成为客户下一步选择点之处进行新产品的开发。

首先，产品设计人员需要将现有的所有产品进行矩阵分布和比较。矩阵分布之前已经详细介绍过，产品对比是通过产品比较尺度实现的。

产品设计人员可以选择重要因素进行排序，再让客户或者销售人员针对每个因素进行评分，然后，将每种因素上标识的产品的结点用直线连接，形成了产品最终的真实情况。

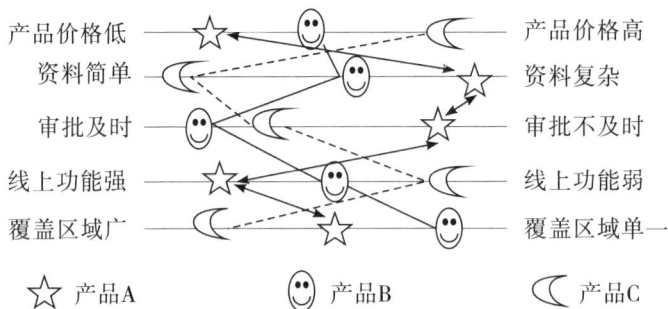

图 8-5　产品比较示例

从图 8-5 可以看出，产品 A 价格最低并且线上功能最强，产品 B 审批最及时，产品 C 资料最简单并且覆盖地域最广。

不管是用矩阵分布还是产品比较尺度，目的都是通过这种方法了解目前的产品线和竞品最有价值之处以及产品需要改进之处，即针对既定的因素将本企业和竞品进行对比，找出竞争力的优势和劣势，在考虑自身产品的特性和成本后，针对薄弱环节将之改进为更好的产品，为客户带来更大的价值。

（二）产品利润跟踪

产品利润的跟踪是产品运营中最重要的模块，一方面可以通过实际的产品利润数据去检验目前的产品组合、分类、占比和利润分布是否合理，另一方面可以通过实际的产品利润数据与预测的产品利润数据进行对比，看利润率是否达到预期。

制作产品利润跟踪表如表 8 - 1 所示：

①先根据实际的业务合同，提取每一单合同的相关费用和贷款金额等相关字段，汇总成最基础的销量表；

②根据销量表中的贷款金额、月供等费用项计算实际发生的成本项和收入项；

③如需要通过较长的周期才能实现数据的，例如风控坏账率、销售费用、后台费用等，可以先按照最近时间的值进行计算，待最终的核算数据确定之后再重新代入产品利润跟踪表进行最后的校验。

表 8 - 1　产品利润跟踪表填写要求

合同号	信息表内容	收入项	成本项	利润项	利润占比
A	根据合同提取数据，算出后面的收入和成本项	包含业务所涉及的全部收入，例如利息收入等	包含业务所涉及的全部成本，例如资金成本等	所有的收入项减去成本项得出利润值	通过利润额算出每一单的利润率

接下来，根据产品利润跟踪表填写产品业务销量合同信息表，如表8-2所示：

表8-2 产品业务销量合同信息表填写要求

合同号	合同信息（其他）	客户姓名	客户信息（其他信息）	车辆信息	合同信息（其他相关信息）	贷款信息	产品信息	还款信息
A	合同日期、状态	客户姓名	客户地址、联系方式等	车辆类型、车辆价格等	合同中出现的相关字段	贷款金额、期限等信息	产品名称、产品的期限等信息	还款日、月供、起贷日等信息

以上的产品利润跟踪情况产品设计人员需要定期（每月或每季度）进行回顾。可以从以上跟踪表发现以下的问题：

产品的利润测算值与实际值是否差异很大？主要差异在哪些地方？

有没有产品的利润是超出预期的，什么原因？

产品的实际利润低于预测值，是什么原因造成的？下一步应该怎么做？

有没有产品是处于亏损的？是单个因素导致，还是产品系列导致的？怎么补救？

产品的组合是不是最佳的状态？有没有产品需要淘汰或者更新？有没有产品需要重启？

产品利润的占比在产品组合中的情况是否符合二八定律（又名80/20定律、帕累托法则）？

产品的销量是否符合产品组合中对应的产品特征？是否需要针对瘦狗产品、现金牛产品调整策略？

通过回答类似的问题来判断产品是否成功或者理想，以及确定产品调整的时间和周期，提早做好提高产品竞争力和应对市场变化的最佳方案。通过此方法，有时候甚至可以意外地获得灵感或者发现新的产品利润点。

（三）产品销量转化

产品销量转化数据统计主要用于产品更新或者迭代时对新产品的使用

情况或者销量进行评估。也用于所有的产品线调整和产品组合变化情况的最终反馈。

可以选择根据市场地域划分或者根据主要城市的业务类型、市场销量占比进行划分。以地域划分为例，选取新产品上线一个月后为时间节点：

①统计业务合同（如表8-3所示），主要以产品名称为划分点，例如产品A上线后的转化；

②统计好基础的业务销售合同后，需要将区域的产品进行销量划分，并通过产品名称（分为新产品和旧产品）分别统计销量，最后统计整个区域的销量（如表8-4所示）；

③将一个月的时间按天计单，通过每天的合同业务计算新产品的转化率；

④通过新产品的转化率将每天的单量标记为节点，并记录不同地区的曲线变化，最终得到完整的产品转化率曲线图（见图8-6）。

表8-3　业务合同统计填写要求及示例

合同号	客户姓名	产品名称	其他合同信息	合同状态	批复时间	放款时间
填写合同号	填写客户姓名	填写产品名称	合同其他字段信息	最终合同状态	批复日期	放款日期
××× ×××	××× ×××	A	××× ×××	已放款	2020-01-01	2020-01-01
××× ×××	××× ×××	B	××× ×××	已放款	2020-01-01	2020-01-01

表8-4　区域产品销量统计示例

日期（以放款日期为主）	合同号	区域新产品销量（笔）	区域旧产品销量（笔）	区域新旧产品总销量（笔）	新品转化率（%）
2020-01-01	××××××	7	25	32	21.9
2020-01-01	××××××	22	15	37	59.5
2020-01-01	××××××	42	6	48	87.5

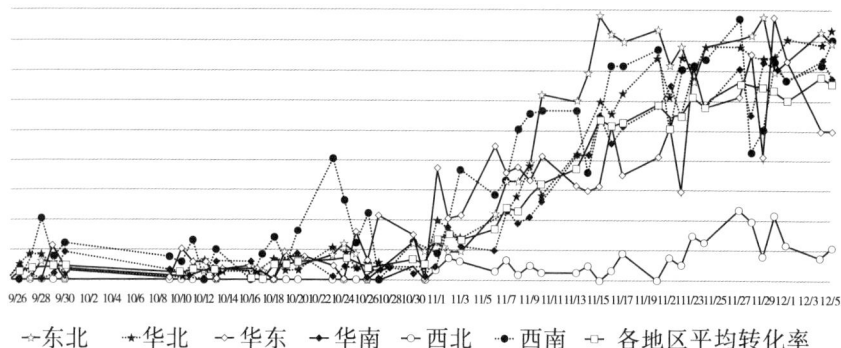

9/26 9/28 9/30 10/2 10/4 10/6 10/8 10/10 10/12 10/14 10/16 10/18 10/20 10/22 10/24 10/26 10/28 10/30 11/1 11/3 11/5 11/7 11/9 11/11 11/13 11/15 11/17 11/19 11/21 11/23 11/25 11/27 11/29 12/1 12/3 12/5

——东北　　——华北　　——华东　　——华南　　——西北　　——西南　　——各地区平均转化率

图 8 - 6　产品转化率曲线图

通过以上的产品转化的数据，可以非常清晰地看到产品的转化情况和时间，以及前端的接受程度。因此在新产品上线的时候需要定下一个时间节点去评估新产品上线的效果。如果在既定时间节点过去后转化率仍然不够理想，就需要引起高度重视。

可以通过回答以下类似的问题来理清新产品上线的注意事项：

按照计划中的新产品上线多久之后要将旧产品全部转化为新产品？

新产品既定的销量是多少？是否在既定的时间达到预期？

新产品的现有转化率是多少？早于或者晚于既定日期的原因是？

新产品转化率为 0 并持续一段时间，这一新产品是否不太理想？怎样调整或者转化？

新产品转化率如果要在既定时间全部转化，能否有更详细的时间计划倒推出现在的转化率？

新产品转化率达到 90%，但是无法达到 100% 时，需要找出那 10% 的原因，并据此找出对应的解决方案，判断是舍弃这 10% 的销量还是补增新产品进行追加。

通过回答以上问题，产品设计人员希望新产品上线后可以达到预定的销售目标及转化率，并且转化率的分析数据可以非常真实地反映市场情况以及客户或代理商的态度。

产品设计人员不仅可以通过案例中的区域进行划分，同样可以将此类方法应用于分析产品在整个行业中的市场占有率（见表 8 - 5），这样就可以得知公司的产品在整个市场中所处的地位和竞争优势，以便更有针对性地调整产品战略。

表 8 – 5　二手车销量分析示例（数据虚构）

| 序号 | 省/市 | 二手车全国销量 | | 某公司二手车销量 | |
		各省/市销量（笔）	各省/市所占全国比例	各省/市销量（笔）	占各省/市比例
30	浙江省	106 580	8.97%	4	0
7	广东省	103 900	8.83%	1 364	1.31%
18	山东省	89 645	7.47%	135	0.15%
22	江苏省	74 883	6.67%	89	0.12%
24	河南省	78 663	6.82%	32	0.04%
15	四川省	84 530	7.21%	189	0.22%
14	河北省	80 779	6.16%	143	0.18%
28	北京市	67 500	5.76%	9	0.01%
31	上海市	34 440	3.73%	1	0.00%

（四）产品各参数统计

产品各参数的统计主要应用于实际工作中在产品真实数据分析以及研究产品参数时提供依据。例如最常见的首付比例，如果需要了解客户在各个首付比例区间的占比情况，就要将实际业务中客户首付比例情况进行统计，如表 8 – 6 所示。

表 8 – 6　客户首付比例统计示例（数据虚构）

序号	首付比例	客户数量（笔）	各首付比例占比
1	1% ~ 9%	100	0.07%
2	10% ~ 19%	6 500	4.81%

（续上表）

序号	首付比例	客户数量	各首付比例占比
3	20%～29%	25 121	18.61%
4	30%～39%	50 435	37.35%
5	40%～49%	40 808	30.22%
6	50%～59%	9 865	7.31%
7	60%～69%	1 870	1.38%
8	70%～79%	312	0.23%
9	80%～89%	11	0.01%
10	90%～99%	0	0.00%
汇总	1%～99%	135 002	99.99%

从以上统计可以看出，客户实际选择首付30%～39%的最多，极少有客户选择80%以上的首付比例。各个区间内客户的首付比例非常清晰。

产品设计人员可以通过统计类似的首付比例、贷款融资额、期限等知道客户主要处于哪个位置，在各产品参数的数据统计中可以看出产品的优劣势，实际产品的调整和决策也与详细分析各产品参数的数据相关。

产品参数的数据通常用于以下情景但不仅限于此：

①需要统计产品的单个参数值，以便于单个参数的调整或者验证风险可控程度；

②产品需要通过关联相关参数与风险值等情况；

③需要新开产品线或关闭产品线；

④调整区域或者全国销售策略；

⑤针对特定地区给予特殊政策支持或设计特殊产品；

⑥需要调整定价策略或者返佣。

以上是常见情景，并不包含所有情况。产品设计人员需要根据实际情况看是否要参考历史的数据以给予支持和调整。历史数据并不能说明所有问题，但至少可以真实地反映一些情况。所以可以使用历史数据，但是并不能受限于历史数据。

（五）产品状态调整

产品设计人员需要通过定期梳理产品的状态和统计数量来调整产品计划和产品线（如表8-7所示）。对于各个时间段的销量，可以画出曲线图去看产品销量的走势或趋势，以便于提早针对产品进行调整或者做出相应的准备。产品的时间周期同样反映了每个产品的整个产品生命周期。可以通过产品在产品生命周期的变化曲线来判断产品是否需要关闭、重启或者引入新的产品。

表8-7　产品状态统计表示例

产品名称	状态	开启时间	停用时间	总销量（笔）	各时间段销量［历史每个月（或固定时间点）销量纪录］
A	停用	2020-01-01	2020-12-1	540	×××
B	启用	2020-01-01	—	2 300	×××

产品状态的调整和数量同样是每个时期产品组合的反映。可以通过历史数据看出产品组合最佳的状态是如何搭配和调整的，产品组合是否完善，产品组合的最佳周期是多久，产品组合中的数量多少最合适等问题。

以上数据可以反映整个产品组合最佳的情况，然后通过产品的调整和变化去提高产品的生命周期或者实现利益最大化。另外，让整个产品生命周期的更新和迭代过程可以顺利自然地过渡也是同样重要的。最后，制定推广营销策略时也要结合产品生命周期来思考每个阶段的策略。

（六）产品趋势

由于市场的变化瞬息万变，外部的信息和趋势，例如政治因素、宏观经济的影响、环境事件以及大量其他的趋势都有可能影响产品的结果，因此需要花时间专门整理与趋势相关的信息，不管是大环境还是行业的。监控这些趋势的变化，会对产品的战略、市场、销售结果产生至关重要的影响。

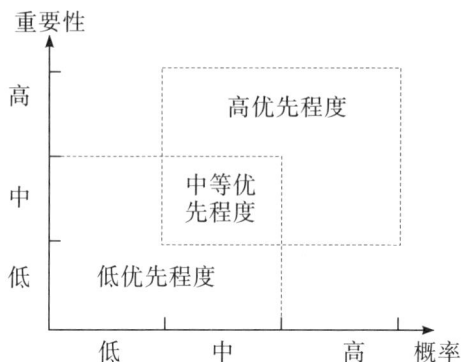

图 8-7 趋势评估坐标

一般来说，产品设计人员按照概率和重要性对趋势或需求进行分类，即建立趋势评估坐标（见图 8-7）。概率是指趋势在当前规划期限内发生的可能性；重要性是指趋势可能对产品战略造成的正面或负面的影响，所以首先要关注的是概率最高、最具重要性的趋势。

三、 品牌营销和产品营销

说到产品就不得不提到产品营销，但在产品营销之前应先阐释品牌营销。

（一）品牌营销

品牌营销是指通过市场营销使客户形成对企业品牌和产品的认知过程。企业要想不断获得和保持竞争优势，就必须构建高品位的品牌营销理念。

简单来说，品牌是企业营销的标志，是消费者识别产品或服务的手段，更是一种反映企业综合实力的无形资产。如果公司想要在激烈的市场竞争中保持领先的地位，就必须强化品牌意识，注重品牌的营销。

那么应该怎样做好品牌营销？首先可以问自己以下问题：（你可以代表企业、产品、组织或个人）

你的自身定位是什么？（你是谁/优势/劣势/愿景）
你希望通过品牌实现什么样的价值？或希望品牌为你带来什么？
你的用户是哪些？怎样打动他们？

你面向的市场是怎样的？竞争者是怎样的？你在其中处于什么样的位置？

以上问题有助于产品设计人员树立品牌，但是在品牌建立之后，应该怎样将品牌深入人们的思维和记忆中？怎样让品牌营销落地并且成为人们的一种习惯或记忆？

1. 增强品牌记忆点——品牌人格化

在有限的时间内，怎样让客户在众多的信息中可以看到你并且关注你，进而成为你的客户？首先，必须要建立生动的形象与消费者沟通，例如一个吉祥物、一个容易记忆的名字、一句说到客户心里的宣传语。不仅要考虑如何展现自己的品牌，还要考虑哪种方式更能吸引客户关注自己的品牌。吸引客户的关注是品牌营销的第一步。

2. 提高品牌识别度——洗脑灌输

人是感性动物，很多时候人们会通过自己的感官去做判断和选择，使用视觉、听觉、嗅觉、味觉、触觉等。可以想一想 7 – 11 便利店为什么会在客人入门时设置"欢迎光临"语音？海底捞为什么要在等位时安排茶水小吃和个性服务？为什么现在年轻人愿意花大量的时间在抖音上？

从感官刺激到内容都可以增加具有一定品牌识别度的核心点，在各种渠道上增加反复出现的频次。增强客户的记忆是品牌营销的核心步骤。

3. 加强客户互动体验——个性化沟通

在碎片化信息时代，客户已经不满足于被动接受的营销方式，相反，他们更乐意进行互动和参与新颖形式的营销。营销渠道已经从传统的渠道进入了互联网的营销渠道，不管是通过二维码、App 还是直播/视频的方式，客户都希望能够更多地互动，深入了解品牌并且可以及时反馈自己的观点，通过这样的方式来提升自己对品牌的认可程度和忠诚程度。

与此同时，产品设计人员可以通过更加个性化的方式，例如增加品牌故事、不同店面设计风格、品牌文化的个性化语言推广等形式让客户更加充分、深入地了解公司的品牌、文化、个性，并融入客户的生活方式及习惯。这样的时间和习惯的占据是将客户转化为用户的有效方式，并且很可能转化为长期用户。

（二）产品营销

如果说产品的存在是为了解决客户的痛点和需求，那么营销就是通过满足人性的各种需求而创造价值的过程。

在营销学中，接触是整合营销传播的核心概念，是指一切品牌、产品类别以及任何与市场相关的活动等信息传递给客户的过程和情景。所以产品营销是要创造触点给予潜在客户，使客户使用产品并且进行分享，这种传播会让更多的新用户看到并使用、分享。这里的潜在客户不是指未来可能转化的客户，是指现在就会购买或者使用产品的客户。

1. 优秀的产品是基础

任何营销活动的效果都不如产品粉丝的挚爱与狂热产生的口碑效应。有了优秀的产品，就可以获得忠诚的客户，这些客户会口口相传，自己为产品代言，成为产品的传播者。他们也被称为"产品粉丝"，而唯一可以获得产品粉丝的渠道就是一款优质的产品或服务。优质的产品本身就自带营销属性，有了优质产品，公司要做的就是提供更多的工具给产品粉丝，让他们更乐意进行产品的营销和传播。

2. 用户是主体，用户体验是关键点

所有的营销方式，离不开的就是"用户"。无论是传统的产品营销途径还是互联网化的营销，主体都是围绕"客户"开展的。为什么我们希望通过广告、直播、媒介的方式进行宣传？为什么很多广告的地址选择在人流量较大的区域（如地铁站、写字楼等）？目的只有一个——让更多的人看见。越是人流量大的区域，行人转化为用户的可能性才越高。所以，互联网化的趋势是建立与客户相关的渠道，我们应该思考的是怎样用更低的成本获得更多的有效客户。触发用户的关键点就是用户体验，用户体验的感知会转化为用户对产品的认可度及评论，这些会通过用户自身进行传播。

3. 传播方式的改变

传统的传播方式选择的是自上而下的、具有权威性的单向式传播渠道，新的传播方式选择的是交互性的选择式传播渠道。而年轻人更易于接受新兴的传播方式，这也更符合他们的思维和认知模式。在传播方式上，渠道毋庸置疑是重要的，另一个要点就是沟通方式。要根据客户不同的定位选择投放渠道，而沟通方式是指选择以什么样的形式呈现。例如针对18～25岁的用户群体，可以选择年轻人喜欢的社交网络平台，且直播/视频的方式更能被他们接受。所以，在传播方式上不能仅仅用传统的方式去与用户沟

通，而必须主动去适应互联网化的传播方式，并且创造更多玩法。

以上内容是营销的关键要点。图8-8总结了汽车金融行业中实际应用较多的几种营销方式。目前更多的营销和传播途径是通过互联网化的方式实现的，例如线上课堂、直播、论坛及公众号等。

所有的营销方式都必须从用户需求出发，用户满意度已成为营销追求的目标和执行指标。利用已实现的全球网络为平台展开营销活动，是有史以来营销领域的最大创新，所引发的革命是全面的、多样的、层出不穷的，我们将在不久的将来感受到这个营销"新世界"。

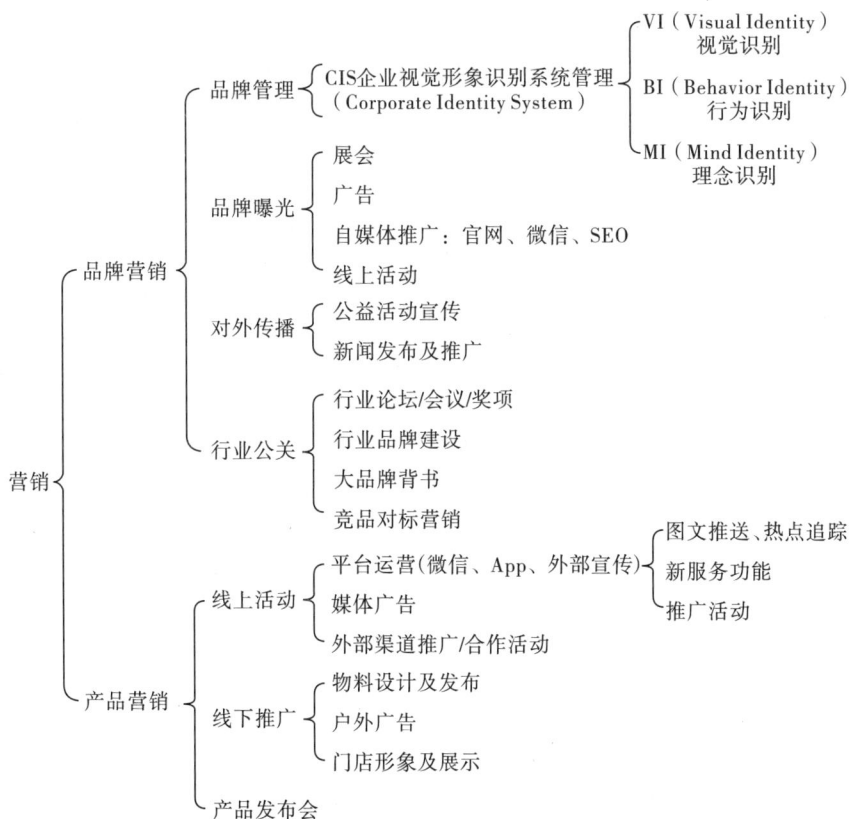

图8-8 汽车金融行业营销方式

产品思维

第九章

>>>

目前，中国没有一家高校有产品经理及金融产品的专业，特别是汽车金融领域，那么产品经理来源于哪里？

产品经理大都来自于技术端口、UI 设计师、开发工程师、销售、风控、运营等。"英雄不问出处"，不管来自于哪里，产品经理核心能力不仅是专业能力和经验，更在于沟通和思维。

做产品的人一定要把自己当作用户，产品最终面向的人群也是用户，所谓的产品经理要具备产品的战略意识、产品的架构意识以及对产品的感觉，而这一切的基础都是建立在用户的角度。如果产品经理自己不是用户，不了解用户，那一定是个失败的产品。

所以，产品经理不仅要会做产品，更重要的是要有产品化的思维，能够知道自己服务的用户是谁，用户的需求是什么，如何不断地满足用户需求，并在满足的过程中不断地迭代改进产品，创造更多的用户价值。

一、 错误是瑰宝

每个人都害怕犯错。因为犯错是有代价的，所以每个人都不愿意犯错，特别是在产品创新和设计上。但是纵观历史，可以清楚看到许多伟大的企业在产品开发设计上都走过弯路，没有一帆风顺的。因为市场、客户、商业模式无时无刻不在发生着巨大的变化，就连客户的习惯也不断在变化，而且速度越来越快。如果无法适应这种变化和节奏，那一定无法获得期望的结果。为了应对这种变化和节奏，一定要进行产品的优化和迭代。而每一次的优化、迭代或者新产品开发都是一次重大的决策，在产品的战略规划上不允许有方向性的错误，因为那是企业的命脉。但是一旦发生错误，应对、解决并且反转整个局面的经验和能力是必不可少的。

这样的说法不是鼓励大家去犯错，而是希望大家都能有面对错误的勇气、补救错误的魄力以及犯错后最大可能弥补损失的能力。这些都需要在大大小小不同类别的产品开发或决策中，一步一个脚印去经历和积累。只有经历过这些，我们才能更加完整、全面地理解产品的设计。所以说错误是瑰宝，产品设计人员要汲取其中的精华，使之成为自己的养分。

二、 没有完美的产品

产品，没有完美，只有适合。客户从来不会为完美的产品买单，而是会选择自己想要的产品。比如现在的手机产品，功能越来越多、越来越细，但如果有一款新机，它的 10 个新功能都很强大，全在一部手机上实现，反而没有了卖点。可如果产品设计人员拆分这些功能，在一部手机上最多体现不超过 3 个功能，那亮点就突出了，客户也更能接受。

事实上，不管任何行业的产品，从来不存在完美之说，"完美"是产品营销概念营造的错觉和假象。假如产品设计人员被这种不真实的想法迷惑，设计出来的产品一定是没有优势的。

首先，产品设计人员必须面对真实的客户和真实的需求，只需要把握 1~2 个重点，即种子用户、客户最想拥有的功能，这样的产品设计出来就是足够客户使用的。想想更新迭代最快的电子产品或者家电产品，是不是每次去卖场，销售人员就会介绍他们的产品是市场上最好的、最完美的，而经过他们的唇枪舌剑，顾客差点信以为真，但是如果换另一个品牌再去看，他们还是差不多的说辞，甚至说得更好。但其实最后购买的时候，顾客还是根据自己的需求看品牌、功能哪个更适合，而不是一味听信销售人员的推荐。然后，等再过一年去卖场，就会发现去年的产品已经降价了，今年的新技术和新产品已经出来了，每个品牌都在更新换代，速度实在是太快了。事实是，产品如果没有优化的空间，就没有更新的可能了。

另外，换个角度来看，无论是汽车市场还是其他行业的产品，客户通过渠道的关联性来进行决策的越来越少了，以前或许可以通过销售强行说服客户去购买他还不太喜欢的产品，但现在还想这么做一定是越来越难了。并且客户的自主选择性日益提高，客户更加年轻化，消费习惯更加追求个性，这一切的市场的变化都会转化为销售业绩。因此，从产品设计之初，就应该秉持真实的态度面对消费者和市场。

三、 产品需要跨界

这里产品的含义不仅仅包括产品的开发设计，还包括产品的营销、决策等。跨界已经不是一个新鲜的概念，从明星在各种演艺平台上的跨界到现在自由职业人的跨界，从科技公司到房地产公司的跨界等，都屡见不鲜。但很多时候跨界的都是品牌营销的概念，例如一个品牌的优势和另一个品牌的优势相结合，当然这两者一定是互补性的关系，而非竞争性的，这样才会给客户带来创新性的体验，例如联名发行信用卡等。

汽车产品的特性是与客户衣食住行中的"行"相联系，更进一步说，其涵盖了客户生活习惯和消费理念。如果将衣食住行都串联起来进行联合的品牌推广以及渗入小细节中去做优化调整，其实是可以对客户的习惯进行培养和影响的。

纵观整个汽车金融行业，目前汽车金融产品的延伸还是以增值项目为主，例如广汽汇理的道路救援增值服务金融产品，为客户免费提供贷款期间道路救援服务；丰田汽车金融的管家贷金融，免费为贷款客户提供部分保养次数。融资租赁公司则多以保险作为切入点，增加人身意外保险和履约险之类的服务。因此可以从上述情况看到，产品设计人员确定在整个产业链中提供增值服务。究其原因，还是与利益方有关，因为客户和客户群体离不开经销商店或者代理商，所以必须给他们增加利润点才能获得客户。但笔者认为这只是一个阶段的形式，未来汽车金融的产品竞争一定是线上与线下的结合，并且一定可以直接触及 C 端的客户，虽然目前更多的是在 B 端。所以，未来汽车金融的产品一定会有跨界的产生，会和更多品牌进行合作，例如买车可以关联到客户的衣食住行中各项可能会涉及的优惠及服务。

四、 化繁为简

随着社会和科技的发展，人类创造的新科技和新名称越来越多，但是核心的技术一直存在，它并不是一天就能发展起来的。目前市场上存在的夸大、虚拟、假象的概念太多了，这种现象容易给人一种错觉——只有越来越复杂的、越难理解的东西才真正存在价值并且有挖掘的潜力。但其实，所有的事物历经了几万年的发展，最基本的原理的变化并不大。所以，必须学会透过复杂的事物看到其本质，还原其简单的样貌和初衷，这也是做产品最基本的核心点。

由于互联网科技的发展，人们的专注力日益下降，刺激点越来越少，需要不停有新鲜的事物和新的东西产生才能刺激到人们的各种神经，并转化为潜移默化的影响和记忆，这样，人们在选择的时候才有可能去选择你的产品或服务。这也是为什么现在商品的噱头越来越多，营销越来越粗暴，速度越来越快。人们已经没有耐心和时间去做选择，很多人都是靠着习惯和记忆中的印象直接选择产品。所以，很多时候人们走的路径是快速营销或者短期营销的产品。但是请记住，好的产品、持久的产品才是人们精挑细选，并且在使用后的很长时间里仍会一直再选择的产品，这样的产品不仅客户的忠诚度会相对较高，客户消费的频次也是倾向于高频的。

那所谓好的产品和持久的产品的特点是什么？纵观各行业口碑好的产品可以发现，不管是奔驰还是苹果，无印良品还是小米，都有一个特点：

简单。这种简单不仅体现在工艺或者功能上，而且体现在整个产品的风格和理念上。这类产品在做工和精细程度上或许和竞品不相上下，但是它们给到客户的选择是一目了然的，单一的一个卖点也可以撬动客户的购买欲，其关键就是这个卖点能否做到极致。所以在设计产品的时候不用考虑给客户太多的选择和卖点，而是应该化繁为简，将最核心、最有价值的卖点进行突出和设计，一个产品只有一个卖点也是足够的。

五、 击中客户的心

产品简单是可以的，但是简单的同时必须具有影响力，就像足球运动员一样可以一击即中，正中客户的心。这点说起来容易，可要实现却并不简单，因为看待事物的眼光、能力和判断力的提高是日积月累的过程，并不是一蹴而就的。而要产品集中客户的心，需要有足够的耐心、极准确的眼光和极强的判断力，透过现象看到真正的问题点及本质，找出客户真实的意愿及需求点。

举例来说，日常生活中每天都会接触到的杯子，看似司空见惯，但是其实隐藏了很多需求点。可以针对不同的用户、不同的需求、不同的使用场景，找到其适用的点，例如保温杯、水杯、咖啡杯等，这些产品肯定有不同的使用场景、时间和使用者。为什么美国 Aqua Zinger 手动果汁杯（见图 9 - 1）会火？因为它主要针对的人群是不想喝纯水但是又不想每天榨汁的人，即想喝蔬果汁又没时间或者比较懒的人（对生活品质有要求但是不愿意花时间精力在榨汁上的人——女性为主）。另外，该产品还特别强调了可以打造只属于客户的独一无二的饮品，且安全又营养。

所以这些功能如果要提取，其实可以制造很多卖点，但事实上只用一个卖点就可以让客户买单——简单易操作的榨汁，不用浪费时间和精力，就可以让客户拥有独一无二的饮品。

Aqua Zinger 手动果汁杯文案

喝纯水没味又没营养，喝饮料，谁知道里边都乱七八糟添了什么？！自己榨果汁吧，每次操作榨汁机得到那少得可怜的浓稠果汁也挺费劲的。不妨从一个可以研磨水果和蔬菜的水杯开始，改变自己的饮水习惯。

来自美国的 Aqua Zinger 水杯可以打造只属于你的独一无二的风味饮品。很简单，只需将你最喜爱的各种蔬果同时研磨，就能释放出它们最营养的滋味、色彩和香气，巧妙地将各种全天然成分注入你的水中，果肉和果皮在榨汁器底部持续浸泡，创造出天然、清新且绝无任何人工添加物的饮料，你可以愉快放心地喝更多的水，用丰富的味蕾感觉和足够的水分滋润身心。

当你把某种特别的水果放进水杯，别以为你是第一个这么干的哦！把水果、蔬菜、香草及其他香料混合起来泡水喝在西班牙美食中可是非常著名的呢！这种被称为 Aguas Frescas：Fresh Water 的饮品风味清淡新鲜，口感不像果汁那样浓稠，却也不似纯水般无味，重要的是安全又营养！

组合式磨刀，可将研磨过的蔬果保留在瓶子底部，同时其萃取自天然成分的风味，沿着蜂巢状的滤网注入瓶中饮料。你只要放入新鲜的蔬果，转一转，再摇一摇！就是这么简单轻松。

图 9 - 1　美国 Agua Zinger 手动果汁杯

资料来源：iCAx，htts：//www.icax.org/article - 11331 - 1.htm/，有改动

从以上案例我们可以看到，一个亮点就已经足够让客户买单了。这其中的关键就在于这个卖点是否针对精准的客户群体并满足他们的需求，击中他们的心。

产品设计人员应具有的能力　第十章

上一章节通过线上和线下产品的对比，发现其实不管是线上还是线下的产品设计人员所要具备的思维和能力都是大同小异的。那现在需要了解的是，作为产品设计人员应该拥有什么样的能力才更加适合此岗位？

一、 沟通能力

毋庸置疑，沟通能力一定是排第一位的。很多人会说我不是销售岗位，我只是后台中的岗位，沟通有这么重要吗？那么别着急，先来看产品岗位的角色和定位。

一般产品岗位会承载着承上启下或者中间桥梁的作用。如果上游是老板或者 CEO，平级是各部门，下游是 C 端或 B 端客户，我们会发现，产品设计人员通过产品实现的不仅是老板对整体公司战略的认同，还是各部门对于产品和公司发展的协助，也是客户端对公司以及产品的认可。产品人是以产品线为主导将公司的内外部和客户端进行了链接，通过产品进行沟通和交流。因为产品本身是不会沟通和交流的，所以才需要产品设计人员通过各种各样的方式，与站在不同立场和位置的人进行沟通、谈判、说服以及角色转变等达到客户的最终认可。笔者一直认为产品设计人员一定是与全公司跨部门沟通最多的人，包括与销售、财务、风控等核心岗位的沟通。

产品从 0 到 1 的过程，只有产品方是第一责任人以及主导人，整个过程需要创造的内容以及涉及的沟通谈判可以多到无法想象，每一个环节、每一个细节都需要保证精益求精地按照预设的标准和计划完成，而这一切如果没有良好的、顺畅的沟通必定是无法实现的。

那么沟通能力具体指的是什么？不仅仅是说话简单明了或好说话，也不是说话好听即可，而是需要以个人的专业度（影响力）、表达能力（讲故事能力）、谈判能力（理性分析掌控局面）、同理心（角色转化）、包容度（开放的态度）等作为基础，做到从容自如地面对各种不同场景的压力和环境，面对各类带着不同想法的人。产品设计人员需要在说服别人之前先理解别人，也就是产品设计人员经常说的"你可以不支持，但是一定要理解"。理解是基础，有了理解才有后面的沟通。产品设计人员需要以开放的心态接纳不同角色的人员的观点，但是在决策时一定要是果断并且理性的。总之，沟通能力可以概括为图 10 - 1 中的几个方面。

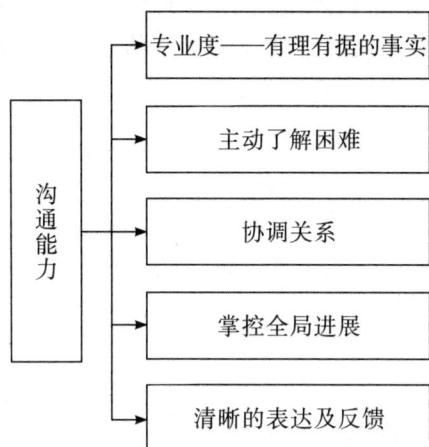

图 10 - 1 沟通能力

二、 战略规划能力

战略规划范围很广，听上去比较虚，但是对于要做大的企业，这一步是核心，至关重要。从大的层面来看，战略规划包含了公司的企业文化、原则（底线），公司希望变成什么样的企业，希望通过什么样的方式实现，公司做好的原因（优势）等，这些内容就是一个公司的基石。对于个人来说，战略规划更像是自我认知，只有足够了解自己才能发展好自己，公司也是一样。

有了以上所说的公司的基石，才有公司的品牌、商业模式、产品等。所以必须从整体去理解公司的长远发展及战略规划，这是基础点，包含了整个品牌的价值和寿命，以及企业的核心价值观、核心战略等。换句话说，这个是大方向，只有方向正确，才能抵达要去的地方。

现在说的战略规划能力，是基于产品设计人员对公司的战略方向和发展规划充分理解之后，转化为产品线的发展规划和架构搭建的能力。产品线的核心需要与公司的核心战略保持一致，例如公司的核心战略是希望把消费者的利益放第一位，那在产品设计的时候也要围绕这一原则去实施。

但是此时产品设计人员不仅需要考虑这些，还需要根据公司现有的商业模式、流程以及服务等来纵观全局的设计和搭建整个产品线架构。架构的种类非常多，不管是层级结构、自然结构、线性结构还是矩阵结构（见图 10-2），它们只是形态不同，在短时间之内不会有大幅度的调整，因此，在确定的时候产品设计人员必须基于以上的基础搭建适合公司的产品结构。

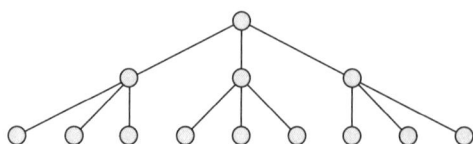

层级结构

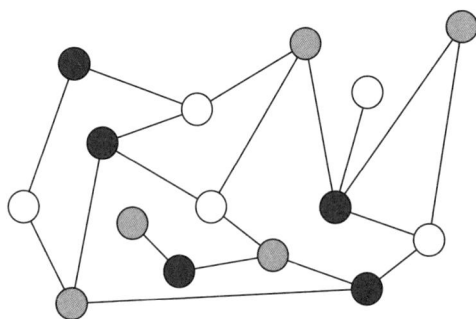

自然结构

线性结构

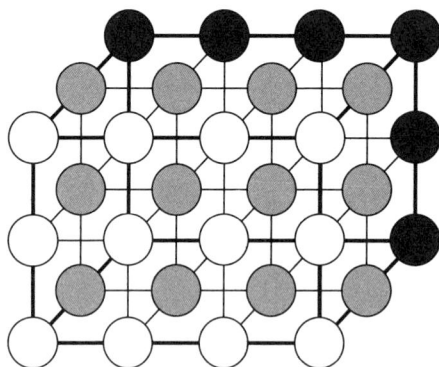

矩阵结构

图 10-2　产品线架构方式

图片来源：https://www.jianshu.com/p/ecfc46a5b9a8

这种战略规划能力同样有助于产品设计人员理解公司高层的想法及客户群体的需求。因为只有做好战略规划，产品设计人员才能更清楚地知道产品未来的目标是什么，客户群体会发生什么样的变化，公司会走到哪一个阶段，市场会朝哪个方向发展，产品设计人员在市场变化中扮演什么样的角色，等等。

三、 项目管理能力

项目管理能力是每个产品人都应该具备的基础能力。产品的很多项目是紧急的并且是在无预算的情况下进行的，例如合作类项目，需要通过项目管理的方式在既定的时间点达成目标，所以需要深入了解项目管理的核心点并运用甘特图等方式控制进度。项目管理的核心点有人员、时间、目标、风险点、成本等几大类，其中最重要的是人员和时间，需要确定好项目的目标及角色分布，并且记住每个角色的职能范围和需求，例如责任人（项目核心人员）、干系人（次于责任人的参与者）、利益相关人员（不直接相关，但与项目结果相关的资源人）等。还需要确定每个角色的沟通、同步信息和汇报的时间节点，按照既定时间节点完成既定目标，对风险项目和成本项目做全盘管理及应急方案。

项目管理的本质是管理信息和人，应该将准确的信息在既定的时间传达给合适的人。对于以整个结果为导向的产品设计人员来说，通过项目管理可以更好地把握过程。过程控制中的突发事件和应急方案也是考验产品设计人员的一个模块。试想一下，公司给你有限的资源或者组织，让你在既定的时间内完成任务，你需要调动所有人的积极性来协助你达成这个目标，但是你需要调动的可能是级别更高的领导或者部门人员进行配合，那他们为什么愿意配合你完成这次任务？你也可能需要更多部门的支持，但是成本有限，其他部门都觉得无法实现时，你需要怎样说服他们去按照你的方式推动任务进程？

这就是项目管理能力帮助你实现目标的方式，包括领导力、组织能力、协调能力、应变能力等综合素质和能力的展现，这也是项目管理可以作为一门独立学科存在的原因。以上的问题，在你拥有了项目管理能力之后都会迎刃而解。

四、 自主学习能力及独立思考能力

这是一个信息爆炸的时代。我们每天只要拿着手机，就有无数的信息可以浏览或者查阅，但是这些信息不是我们的知识体系，也无法形成我们的认知。我们每天接触的都是大量的碎片化信息，更有很多是"二手信息"。不管是"喜马拉雅"上的试听课还是"千聊"的在线课程，很多知识其实都是别人读了原版或者原始的数据后经过自己的加工、处理后的信息，之后再转移到接收人的身上。这样的知识必定不是自己的，也更加难以为我们所用。例如，我们可以在一天内学完产品设计的课程，但是有几个人可以真正地将其应用到工作中？

我们怎样分辨别人给我们的信息是科学的、原始的，还是经过加工的？怎么分辨观念上的差异和认知上的不同？这些似乎都没有标准答案，所以我们唯一能做的就是培养自主学习的能力以及独立思考的能力。

自主学习能力容易理解，搭建自己的知识体系却不容易做到。就如产品设计人员需要的不仅是产品领域的知识，还需要涉及更多学科的内容，例如经济学、心理学、艺术学、哲学、美学等。全面掌握知识不是看一本书就能够达到的，也不是只参加走马观花式的一个培训就行，而是需要长时间倾注在这个领域，并通过分析数据、处理信息等过程转化为自己的认知，应用到日常的生活和工作中去。从这个方面来讲，产品设计人员需要的是高度自律地保持学习的习惯和多样化的爱好、兴趣。只有获取足够多的实践经验，我们才能将自己的认知转化为智慧，创造更大的价值。

独立思考能力则比自主学习能力更难培养，我们有了学习事物的能力，不代表就会有独立思考的能力。很多时候，我们习惯于随波逐流，信任他人多于自己。就像很多人在学术上有很强的能力，自我辨识能力和思考能力却不够，这也是他们无法把学术造诣应用到实际生活中去的原因。

独立思考能力要求我们不管在任何时候都能保持自己的看法。我们的观点也好，直觉也好，不是凭空而来的，而是根据自己过去的经验、经历、知识体系、感官形成的综合判断。

我们要永远记住，自主学习和独立思考不是目的，不是结果，而是让我们保持清醒的头脑，运用自己的智慧分辨事物，创造奇迹的唯一途径。

后　记

　　产品设计人员应该是具有"基因"的。这种"基因"不仅仅是你的专业能力，还应该包括你的道德、原则底线及做人处事的态度。我始终相信产品是有灵魂的，正如日本文化中"万物皆有灵"的观念一样，产品中也包含了反复、热爱、极致的观念。

　　所以我提出了"产品基因"这个概念，它会像你身体里的细胞一样，通过你的"手"打磨出你的产品，那么产品本身一定是具有你的"基因"的。不管你是做什么行业的产品设计，产品本身就是"你"的体现。特别是在金融行业，涉及非常多的利益及诱惑，我们很容易因为要突破销量或者完成任务，冒一定的风险去设计不合规或本知道有风险的产品。但是我们要清楚，产品并非一时定局，长久的、经得起市场考验的产品是需要用心设计和打磨的，是具有灵气的，也体现了你的"基因"。

　　想产品具有好的"基因"，那么它一定包含了诚实、可靠、勤奋、热爱、坚韧、有态度、持续学习等种种好的品质。产品设计人员如果是值得信任的人，有热情，能用心投入工作中，还具有自己独立的观念和思考能力，并愿意持续不断地更新自己的知识体系，那么相信他设计出的产品也一定具备了好的"产品基因"。

　　记住，产品应该跟我们的孩子一样，具有我们的"基因"！

童　倩

2020 年 3 月 5 日